ERRORES, DUDAS Y DIFICULTADES DEL ESPAÑOL

ERRORES, DUDAS Y DIFICULTADES DEL ESPAÑOL

MORIS POLANCO
con aportes de Rosa Mendoza de Hernández

Editcrial **ARJÉ**

© 2018 Editorial Arjé
6703 NW 7th St.
Miami, Florida 33126, USA
http://editorialarje.com
Email: info@editorialarje.com
ISBN-10: 1-7320707-0-9
ISBN-13: 978-1-7320707-0-7
Impreso en Charleston, SC
Diagramación y diseño de la portada: Allan Castillo

Todos los derechos reservados. No está permitida la reproducción total o parcial de este libro, ni su tratamiento informático, ni la transmisión de ninguna forma o por cualquier medio, ya sea electrónico, mecánico, por fotocopia, por registro u otros métodos, sin el permiso previo y por escrito del editor.

CONTENIDO

Presentación 1

Abreviaturas empleadas en este libro 3

Abreviaturas 5

Acentuación 7

Adjetivos 12

Adverbios 13

Americanismos 17

Anglicismos 19

Artículos 23

Barbarismos 27

Calcos y falsos amigos 28

Cambios en el diccionario 40

Citas 42

Computación 45

Concordancia 46

Conjugación 48

Consejos 52

Cuidado del estilo	53
Curiosidades	58
Deportes	71
Dificultades	72
El Quijote	97
Etimologías	102
Expresiones	105
Extranjerismos	107
Falsos amigos	110
Género	113
Gramática	125
Incorrecciones	132
Latín, locuciones latinas	158
Léxico	161
Locuciones	179
Mayúsculas	183
Neologismos	185
Nuevas normas	204

Número de sustantivos y adjetivos 209

Ordinales 210

Ortografía 211

Prefijos 220

Preposiciones 223

Pronombres 228

Propiedad en el uso 229

Puntuación 243

Reflexiones 254

Queísmo y dequeísmo 258

Regionalismos 261

Sugerencias a los medios 266

Siglas 268

Signos 270

Tecnicismos 271

Tiempos verbales 272

Tecnología 273

Traducción 274

Uso del diccionario 278

Verbos 279

Indice 293

Presentación

Este libro contiene una colección de observaciones sobre el buen uso del español que el autor publicó en su blog de Dudas y dificultades del español por más de cinco años. Son observaciones generalmente breves, dirigidas a señalar una clara incorrección en el uso de nuestra lengua, o bien, a tratar de esclarecer una duda o dificultad en este campo, a veces tan difícil, de la gramática española. Han sido agrupadas en categorías, más que gramaticales, «de uso» o de función. Al final de libro, el lector encontrará un índice detallado de todas las entradas.

Lo que diferencia este libro de otros en su género es la referencia al español que se habla en Guatemala. Hoy en día, existen muchos sitios en Internet que velan sobre el buen uso del español, pero muy pocos que nos alerten específicamente sobre los errores que cometemos los guatemaltecos al hablar o escribir. También existen excelentes servicios de distribución de correo como el de Fundéu (Fundación del español urgente), que día a día informan sobre alguna desviación en el uso de la norma lingüística, pero que apuntan al español de España. No es que el español de España sea diferente del de Guatemala, pero es evidente que los barbarismos que se cometen a uno u otro lado del océano son distintos.

Particular atención se dedica en este libro a los extranjerismos. El español de Guatemala, como es sabido, recibe en nuestros tiempos una enorme presión del inglés, la lengua franca de inicios del siglo XXI. No somos defensores a ultranza de la pureza de la lengua española; reconocemos que, en muchos casos, debemos dar la bienvenida a los neologismos provenientes de la lengua inglesa, pues muchos de ellos sirven para designar realidades, instrumentos o técnicas nuevas para las cuales no existe equivalente en español. Pero siempre conviene hacer el esfuerzo por traducir, por tratar de expresar en nuestra lengua aquella novedad. Ahora bien, si definitivamente no hay equivalente, sabemos cuál es el procedimiento de naturalización: primero, el término se acepta como un neologismo crudo; esto queda reflejado cuando, al escribirlo, usamos letra cursiva. Si el término en cuestión da indicios de quedarse y de que no existe un equivalente castizo, tratamos de adaptarlo a la fonética y grafía de nuestra lengua. Así pasa, por ejemplo, con el término *spam*, en el sentido del correo indeseado. Evidentemente, es más «económico» decir *spam* que «correo indeseado», y, por lo tanto, tiene una ventaja. En el *Diccionario de la lengua española*, lo encontramos con la indicación «v. ingl.», y en cursiva. Quiere decir que ya se coló en nuestra lengua, y que está en observación. Lo más probable es que, en poco tiempo, esta voz termine siendo incorporada a nuestro caudal léxico, de la misma forma que, a lo largo de los siglos, hemos incorporado palabras del francés, del árabe o de las lenguas americanas. Diremos, entonces, «espam», ya sin ningún remilgo (o «sin ninguna pena», como decimos en Guatemala).

En las cosas de la lengua todo cambia con mucha rapidez. Seguramente, lo que decimos hoy en este libro sea considerado, dentro de diez o veinte años, anticuado. Esto quiere decir que su vigencia es corta; pero aparte del hecho de que hay reglas que son muy estables, en todo caso este libro quedará como una memoria del estado de la lengua en Guatemala a comienzos del siglo XXI. Es probable que dentro de más tiempo aun, los lectores se asombren de «lo bien que se hablaba en Guatemala en aquella época», así como nosotros nos asombramos de lo bien que escribían nuestros abuelos. La lengua evoluciona, es cierto; pero no todo cambio es para bien. No hay que admitir indiscriminadamente todo lo nuevo. Hay que ser prudente y un poco crítico (en el sentido originario, de «cribar» lo bueno y tirar lo malo). Esa es la función que espera cumplir este libro.

Moris Polanco
Guatemala, febrero de 2016

Abreviaturas empleadas en este libro

DRAE Diccionario de la Real Academia Española de la Lengua, en línea (http://rae.es)

DPD Diccionario Panhispánico de Dudas, en línea (http://rae.es)

NGLE Real Academia Española, *Nueva gramática de la lengua española. Manual.* México: Editorial Planeta Mexicana, 2010.

* Un asterisco antes de una palabra significa que es incorrecta.

Abreviaturas

a. C. y d. C.

La abreviatura más usual para la expresión «antes de Cristo» es «a. C.», dejando un espacio después del punto y escribiendo la a con minúscula y la ce con mayúscula. No se consideran correctas: a.C. (por faltar el espacio después del primer punto), A.C. (por usar mayúscula para la preposición), a.d.C., ni a. d. C. o a. d. J. C. Análogamente, se puede aplicar la misma regla a la expresión «después de Cristo»; su abreviatura es «d. C.»

a. m. y p. m.

Las abreviaturas de *ante meridiem* (antes del medio día) y *post meridiem* (después del medio día), de acuerdo al DPD, son a. m. y p. m., respectivamente. Nótese que van con minúscula y llevan punto y espacio entre las letras.

Abreviaturas de profesiones

¿Cómo se abrevia «licenciada»: Lic., Licda, Lda. o Lida? ¿Y arquitecta? A continuación, presento la lista de las abreviaturas para las profesiones más comunes, de acuerdo a la Real Academia:

Abg.; Abg.do (fem. Abg.da): abogado, -da

Arq.: arquitecto, -ta

Dr. (fem. Dra., Dr.ª): doctor

Ing.; Inga.: ingeniero, -ra

Lcdo. (fem. Lcda.); Ldo. (fem. Lda.); Lic. : licenciado, -da

Prof. (fem. Prof.ª): profesor

Abreviaturas: normas generales

La nueva ortografía del español nos dice que hay dos tipos de abreviaturas: personales y convencionales, y proporciona una lista de las abreviaturas convencionales. Como es natural, esa lista no puede ser exhaustiva (no puede incluir todas las palabras de nuestro idioma), de manera que en los casos en que no exista abreviatura para una profesión, habrá que crearla. La creación de abreviaturas personales debe atenerse, sin embargo, a ciertos criterios, que se exponen en la *Ortografía*. Estos son los siguientes:

a) Para que una abreviatura sea eficaz debe suprimir un mínimo de dos letras de la palabra abreviada, ya que una de las letras suprimidas es reemplazada por el punto de cierre, también llamado *punto* abreviativo. Si la voz es suficientemente larga, conviene suprimir como mínimo tres letras, para poder ahorrar al menos dos caracteres.

b) Al crear una nueva abreviatura debe sopesarse su rentabilidad, por lo que será tanto más pertinente cuanto más habitual y utilizada sea la palabra abreviada.

c) La abreviatura resultante debe ser fácilmente identificable con la palabra abreviada. Así, una abreviatura como *blvr.* resulta más adecuada que *br.* para abreviar la palabra *bulevar*.

Avenida y calle

Según la Academia, «avenida» se abrevia «av.», «avd.» o «avda.», no «Av.» ni «Ave.», como se acostumbra en Guatemala.

Y ya que estamos en esto de las abreviaturas, «calle» se abrevia «c.» o «c/.»

Acentuación

«Construimos» no lleva tilde

En un anuncio publicado en *Prensa Libre* el 17 de diciembre de 2009, se lee: «Somos esperanza, construímos solidaridad» (p. 75). Si hubieran utilizado el corrector de ortografía de cualquier editor de textos, les habría marcado el error. En efecto, la palabra «construimos», con vocal tónica en la /i/, no lleva tilde. La razón es que el diptongo formado por las vocales débiles (i, u) no se deshace y por lo tanto no lleva tilde.

Adecuar, evacuar, evaluar

Estos tres verbos dan problemas de acentuación. En principio, la norma para «adecuar» y «evacuar» es la misma:

> se acentúan como «averiguar». Es decir, que en el singular y en la tercera persona del plural no se rompe el diptongo acentuando la /u/, sino que la mayor intensidad de la voz recae en la sílaba anterior a dicho diptongo. No se debe pronunciar adecúo, adecúas… sino adecuo, adecuas… Tampoco es adecúe, adecués…, sino adecue, adecues… Y lo mismo, el imperativo: adecua tú…, adecuen ellos (*Oficina de corrección del español*, http://www.cosasdelalengua.es).

Ahora bien, como la lengua evoluciona, ahora se aceptan como correctas ambas formas: «adecuo o adecúo»; «adecua o adecúa», «evacuo o evacúo», «evacuas o evacúas».

El caso de «evaluar» es distinto. Se dice «evalúo», «evalúas», «evalúe», etc. Es decir, sí se rompe el diptongo acentuando la /u/.

Un diptongo es un conjunto de vocales que se pronuncian en la misma sílaba. ¿Hay diptongo en la sílaba «ui»? Si se pronuncia despacio, parecería que en la palabra «construimos» no hay diptongo, pues uno es capaz de separar la palabra de esta forma: cons-tru-i-mos. Ahora bien, la *Ortografía de la lengua española* (1999) dice lo siguiente:

> Algunas de estas combinaciones vocálicas pueden articularse como hiatos (es decir, en dos sílabas) dependiendo de distintos factores: su lugar en la secuencia del habla, el mayor o menor esmero en la pronunciación, el origen geográfico o social de los hablantes, etc. Este es el caso, por ejemplo, de *fluir* (pronunciado *fluir*, con diptongo, o flu-ir, con hiato), de *incluido* (...). Sin embargo, a efectos de la acentuación gráfica, se considerará siempre que se trata de diptongos (p. 25)[1].

¿Y cómo se tildan los diptongos? «Las palabras con diptongo llevan tilde cuando lo exigen las reglas generales de la acentuación de las palabras agudas, llanas o esdrújulas» (*Ortografía*, p. 25).

«Construimos», por ser llana y terminada en ese, no se acentúa. De todas maneras, si se separara el diptongo «ui», «construimos» seguiría siendo llana terminada en ese; por lo tanto, no se tilda.

---

[1] La edición de 2010 de la *Ortografía* señala que «con independencia de cómo se articulen realmente en cada caso, se consideran siempre diptongos a efectos ortográficos las siguientes combinaciones vocálicas: a) Vocal abierta (/a/, /e/, /o/) seguida o precedida de vocal cerrada átona (/i/, /u/): *estabais, hacia, diario, afeitar, viento, pie, doy, guion, aunar, acuario, actuado, reunir, sueño, estadounidense, antiguo*. b) Dos vocales cerradas distintas (/i/, /u/): *ciudad, diurno, viuda, cuidar, ruido, huir, muy*. De acuerdo con esta clasificación, palabras como *lie* (pronunciado [lié]), *guion* [gión], *hui* [uí] resultan monosílabas a efectos de acentuación gráfica y, por ello, **deben escribirse obligatoriamente sin tilde**»(§ 3.4.2.1; negrita añadida).

Cosmopolita, no cosmopólita
Ayer veía un anuncio en la televisión por cable sobre la ciudad de Bogotá. La presentaban como «una ciudad cosmopólita». Es un error frecuente: no se dice «cosmopólita», sino «cosmopolita».

dé/de
Sabemos que la Academia aconseja eliminar la tilde del adverbio solo y de los demostrativos este, ese y aquel, pero esto no quiere decir que recomiende eliminar la tilde donde esta sí cumple con una función diacrítica o diferenciadora. Este es el caso de la diferencia que existe entre «de», como preposición («el libro de Juan»), y «dé», como verbo («esto es imposible que se dé»). Otros casos de acento en función diacrítica son: tu y tú, si y sí, quien y quién, cuando y cuándo, etc. (Cf. *Ortografía de la lengua española*, 2010, n. 3.3.2).

Guion
Se puede escribir «guión» o «guion». Esta doble grafía, nos dice el *Diccionario Panhispánico de Dudas*,

> responde a las dos formas posibles de articular esta palabra: con diptongo (guion [gión]), caso en que es monosílaba y debe escribirse sin tilde; o con hiato (guión [gi – ón]), caso en que es bisílaba y se tilda por ser aguda acabada en -n.

La Academia recomienda que escribamos «guion» sin tilde:

> Debido a esta doble articulación, y con el objetivo de preservar la unidad ortográfica, en la última edición de la Ortografía académica (1999) se establece que toda combinación de vocal cerrada átona y abierta tónica se considere diptongo a efectos de acentuación gráfica. Por ello, en guion y otras palabras en la misma situación, como ion, muon, pion, prion, Ruan, Sion y truhan, se da preferencia a la grafía sin tilde, aunque se permite

que aquellos hablantes que pronuncien estas voces en dos sílabas puedan seguir tildándolas.

Internauta

La noticia que leí esta mañana me llevó a un descubrimiento: la palabra «internauta» no está aceptada por la Academia. No aparece ni en el DRAE ni en el *Diccionario Panhispánico de Dudas*. De manera que ¡cuidado!

Lo que leí en http://eleconomista.es me llamó la atención porque tildan «internauta», así:

> IBEX 35 ▼ -1,14% | EURUSD ▼ -0,13% | I. GENERAL DE MADRID ▼ -1,05% | DOW JONES ▼ -0,19% | ECO10 ▼ -1,24% | EURIBOR ▬ 0,0
>
> ## España roza ya los 27 millones de Internáutas
>
> Agencias   27/09/2010 - 13:34
>
> 0 comentarios   Puntúa la noticia : 1 — 10   Nota de los usuarios: - (0 votos)

Si la palabra «internauta» estuviera aceptada en español no iría tildada, porque es grave terminada en vocal. Recordemos que «au» es diptongo, y por lo tanto cuenta como una sola sílaba.

Periodo o período

Se puede decir «periodo» (pe-rio-do, con acento en la penúltima sílaba) o «período» (con acento en la antepenúltima: pe-rí-o-do); es lo mismo.

Sólo y solo

Hasta hace poco era obligatorio tildar «sólo» cuando equivalía a «solamente»; hoy, la *Ortografía* de la Academia señala que se debe tildar únicamente si existe riesgo de ambigüedad. Copio el párrafo 4.6.6:

> a) sólo/solo (...) Cuando quien escribe perciba riesgo de ambigüedad, llevará acento ortográfico en su uso adverbial [cuando modifica un verbo]. Ejemplos: Pasaré solo este verano aquí («en soledad, sin compañía»). Pasaré sólo este verano aquí («solamente, únicamente»).

En una noticia de *Prensa Libre* se informa que «Morales abre cuenta solo para saquear el Congreso». Aquí se da la ambigüedad, pues no sabemos si la abrió «solo» (sin nadie que le ayudara), o si la abrió con el único propósito de saquear el Congreso. Tal vez se entiende que fue «solamente» para saquear el Congreso por el contexto, y porque falta una coma después de «solo». De todas maneras, me parece que no hubiera estado de más tildar el adverbio.

Vídeo

El *DRAE* y el *Diccionario esencial de la lengua española* registran «video» (con acentuación grave: en la *e* como americanismo. Esto significa sencillamente que en América decimos «video», y no «vídeo» (esdrújula), como prefiere la norma culta. Vale la pena saberlo, sobre todo a la hora de escribirlo.

Adjetivos

«Bien interesante»
En Guatemala tenemos la tendencia a decir que algo es «bien importante», o «bien interesante». Sabemos que lo correcto es «muy interesante» o «muy importante». «Muy» es el adverbio que se antepone a los adjetivos para indicar el grado superlativo; equivale a agregar el sufijo «-ísimo» al adjetivo.

Buenísimo
Un querido amigo colombiano me señaló que el superlativo de «bueno» no es «buenísimo», como solemos decir en Guatemala, sino «bonísimo». Me parece a mí que no tardará mucho la Academia en admitir «buenísimo» pero, por ahora, conviene saber que lo correcto es «bonísimo».

«Decelerar»
Vi en Salamanca (España) una señal de tránsito que me llamó la atención. En ella se leía: «bandas deceleradoras». El diccionario registra el verbo «decelerar», pero nos remite a «desacelerar», con lo cual nos quiere decir que esta forma es preferible a la primera. Por cierto, esa expresión me parece mucho más adecuada que la que se usa en Guatemala para expresar una idea similar («vibradores»).

Adverbios

¿Medios hermanos o medio hermanos?
Por Rosa Mendoza de Hernández

En la *Nueva Gramática de la Lengua Española* se recomienda no adjetivar ciertos adverbios cuantificativos como **medio, bastante, puro, igual**. Hacer concordar el adverbio con el sustantivo o nombre es un proceso llamado *Adjetivación del adverbio*, muy común en el español de México y Centroamérica aunque no pertenece a los registros formales de la lengua. Por tanto, debe evitarse decir:

*Francisco Pizarro zarpó con sus **medios** hermanos. (Incorrecto)

*Francisco Pizarro zarpó con sus **medio** hermanos. (Correcto)*

*Los dos procedimientos son **iguales** de difíciles. (Incorrecto)

*Los dos procedimientos son **igual** de difíciles. (Correcto)*

(Fuente: *NGLE*, 953).

Ahí, allí y allá
En Guatemala, y en otros países de Hispanoamérica, no distinguimos entre estos dos adverbios. Pero el diccionario nos dice que «allí» significa «en aquel lugar», mientras que «ahí» significa «en ese lugar». En España, por ejemplo, le preguntan a uno: «¿y cómo es la vida allí?», refiriéndose a la vida en nuestros países. Nosotros diríamos: «¿cómo es la vida allá?». Respecto de este adverbio nos dice el *DRAE*:

allá. (Del lat. *illac*, por allí). 1. adv. l. allí. Indica lugar menos circunscrito o determinado que el que se denota con esta última voz. Por eso *allá* admite ciertos grados de comparación que rechaza *allí*. *Tan allá, más allá, muy allá*. Se emplea a veces precediendo a nombres significativos de lugar para denotar lejanía. *Allá en Rusia. Allá en América.*

Aún

El único caso en el que «aun» se escribe con tilde, es cuando equivale a «todavía». En los demás casos, va sin tilde. Ejemplos (tomados del DRAE):
Aún («todavía») está enfermo.
Te daré 100 duros, y aun («hasta») 200, si los necesitas.
No tengo yo tanto, ni aun («ni siquiera») la mitad.

«Con despacio»

Me llamó la atención leer en un artículo de Miguel de Unamuno la expresión «con más despacio», y al buscar el adverbio «despacio» en el diccionario de la Academia, encuentro que la expresión «con despacio» es admisible, y significa «con lentitud y detenimiento». No es de extrañar que un autor tan culto como Unamuno (profesor de latín y de griego) prefiera esa expresión al simple «despacio», pues si nos fijamos en la etimología de esa palabra, «despacio» viene de «de - espacio», y así, al unirla a la preposición «con» tiene sentido decir «con más de espacio». Por cierto, el artículo de Unamuno es excelente. Se titula «Sobre la pornografía», y lo pueden encontrar en http://webfacil.info/unamuno_pornografia.pdf.

De los adverbios «inclusive» y «exclusive»
Por Rosa Mendoza de Hernández

De acuerdo a la *Nueva Gramática de la lengua española*, existen registros del uso indebido como adjetivos de los adverbios *inclusive* y *exclusive*, como en el siguiente caso:

«Las dos últimas páginas **inclusives**» (incorrecto), en lugar de «Las dos últimas páginas **inclusive**» (correcto).

Esta incorrección se produce porque «la posición posnominal que suelen ocupar (los adverbios) los asimila a los adjetivos en la conciencia de algunos hablantes» (960).

El día después
El día después es una traducción literal de *the day after*. Luis M. Duyos, en *Cosas de la Lengua* (http://www.cosasdelalengua.es/lexicas.php) observa que «cuando se dice el día después, se contravienen las normas elementales de morfología —un sustantivo no puede ser modificado por un adverbio— (...)». Lo correcto es «el día siguiente». «Después» es un adverbio que puede modificar directamente al verbo («vine después de que...») o puede antecederlo, como en «después de que llegue», «después del amanecer», «después de llover».

«Habla ilimitado»
Esta mañana leí un anuncio publicitario de una marca de telefonía celular que comenzaba poniendo: «Habla ilimitado». Desde luego, calificar un verbo con un adjetivo no es correcto. Además, el significado no queda claro. Lo que ellos quisieron decir seguramente fue: «habla de forma o manera ilimitada». Como eso queda muy largo, se podría poner: «habla ilimitadamente»; o, mejor: «habla sin límites».

Hable bien y coma sanamente
Un anuncio publicitario que vemos en estos días en la ciudad de Guatemala dice: «Coma sano. Coma pollo». No es correcto modificar un verbo con un adjetivo; los verbos se modifican con adverbios. La frase en cuestión debería decir: «Coma sanamente. Coma pollo». Ya sé que los adverbios están cayendo en desuso,

15

y que resulta más «económico» emplear los adjetivos. Si lo que se busca es la brevedad, podríamos decir o escribir «coma bien» («bien» es un adverbio).

Talvez
«Talvez» es un americanismo por «tal vez». Esto quiere decir que la Academia ha registrado esa forma de escribir el adverbio como propia de los países americanos, pero recuerda que la forma original es «tal vez».

Americanismos

Allanamiento
Con el sentido de «registro policial de un domicilio», la palabra «allanamiento» es un americanismo. Su significado primario es la «acción y efecto de allanarse», es decir, de poner llano algo.

Pnc De Guatemala
LOCALIZAN MUNICIONES PARA AK-47 Y DROGA EN ALLANAMIENTO

Agentes de la Policía Nacional Civil y fiscales del Ministerio Público localizaron municiones para fusil y droga en un allanamiento realizado en un inmueble ubicado en la 35 avenida, manzana A, sector II, Villa

Ameritar
«Ameritar» (como en la oración «ese caso amerita un comentario») es un americanismo por «merecer». Lo que esto quiere decir es que es un verbo que no se usa en todo el mundo hispánico, sino solo en América.

Ausentismo
Se puede decir «ausentismo», pero la Academia prefiere «absentismo».

Conferencista
La Academia admite «conferencista», como un americanismo; prefiere «conferenciante».

«Contendor»

En el programa de noticias de la cadena CNN en español, la comentarista Patricia Janiot se refirió al candidato Paul Ryan como el «contendor» del vicepresidente Joseph Biden. Aunque «contendor» está registrada en el DRAE, este indica que es un americanismo meridional poco usado. Sería preferible decir «contendiente».

Jalar

En los países centroamericanos y en algunos sudamericanos, usamos el verbo «jalar» donde los españoles dicen «tirar». En ambos casos, queremos significar «tirar hacia sí de algo». Ahora bien, ¿cuál es la forma correcta: «jalar» o «halar»? El diccionario nos dice que «jalar» es la forma coloquial de «halar», que procede del francés *haler*. De manera que, si lo vamos a escribir, pondremos «halar», no «jalar».

Mordida

La palabra «mordida», referida al «provecho o dinero obtenido de un particular por un funcionario o empleado, con abuso de las atribuciones de su cargo» (DRAE), forma parte del corpus léxico español, si bien como americanismo. No hace falta, por lo tanto, ponerla entre comillas (a menos que nos refiramos a ella, como se hace al principio de esta entrada).

Anglicismos

Es Fulanita...
Cuando uno se identifica por teléfono dice «soy Fulano de Tal», no «es Fulano de Tal». En inglés sí se dice *This is Joe* («Es Joe»), pero en español debemos decir «soy Fulano».

A final de cuentas
Se está poniendo de moda decir «al final del día», en lugar de «a fin de cuentas», «en definitiva», «en último caso» o «en última instancia». Se trata de un calco de la expresión inglesa *at the end of the day*. Existiendo tantas formas de expresar esta idea en español, ¿por qué vamos a caer en el esnobismo de decir «al final del día»?

Epifanía
Por influjo del inglés, algunas personas dicen que han tenido una «epifanía», para expresar que han entendido algo que antes pasaban por alto, o que lo han visto de un modo nuevo y significativo para ellos. Este uso de la palabra «epifanía» no es del todo correcto, pues en español «epifanía» significa «manifestación, aparición». No es uno (el sujeto) quien tiene una epifanía, sino que es algo o alguien que se manifiesta o revela. (En este sentido, se habla, por ejemplo, de la Epifanía del Señor, cuando se manifestó a los magos.)

En inglés, además del significado común al español, *epiphany* significa

> *a sudden, intuitive perception of or insight into the reality or essential meaning of something, usually initiated by some simple, homely, or commonplace occurrence or experience.*

Es decir, una intuición súbita.

Free rider
Un *free rider* es alguien que consigue lo que quiere sin hacer esfuerzo, aprovechándose muchas veces de los que sí trabajan y pagan por lo que consumen. He buscado la traducción de esta palabra en los diccionarios inglés-español, pero no la he encontrado, así que mi propuesta es traducirla por «gorrón». Según el DRAE, un gorrón es aquella persona «que tiene por hábito comer, vivir, regalarse o divertirse a costa ajena».

Hacer sentido
En español no se dice que algo **hace sentido**, sino que **tiene sentido**.

Itinerancia
En mi teléfono móvil me encontré con una frase extraña: «desactivar la itinerancia de datos», dice en una de las opciones de la configuración. Investigando un poco, llegué a la conclusión de que «itinerancia de datos» es la traducción que los fabricantes de mi teléfono proponen para la expresión inglesa *roaming*. El problema es que «itinerancia» no existe en el diccionario español. ¿Habrá que admitirla como un neologismo?

Jeep
Jeep es una marca de vehículos todoterreno creada por la compañía Willis-Overland en 1941. Con el paso del tiempo, el nombre de la marca empezó a utilizarse para referirse a ese tipo de vehículos. La Academia, sin embargo, nos recomienda decir «todoterrenos», no «jeeps», ni «yips». Esto es lo que dice el DPD:

> [Todoterreno] Referido a vehículo, es el equivalente español de la voz inglesa jeep, anglicismo innecesario que se ha adaptado ocasionalmente al español en la forma yip (pl. yips): «En

el muelle se han concentrado todos los vehículos de la isla, camionetas, yips, tractores con remolques» (Tibón Aventuras [Méx. 1986]). Aunque no se censura el uso de la adaptación, resulta preferible la formación española todoterreno.

Loguear
Para acceder a un sitio de Internet, o para abrir la sesión, muchas veces tenemos que identificarnos («dar los datos personales necesarios para ser reconocido», *DRAE*). No hace falta crear un verbo nuevo («loguear») para decir eso mismo. Si yo tuviera que crear un sitio de Internet que requiriera que los usuarios se identificaran para abrir una sesión, pondría «Indentifíquese para abrir la sesión» o, simplemente, «identifíquese».

Márquetin
«Márquetin» no existe en español. Existen «mercadeo» y «mercadotecnia».

Remedial
Remedial es un adjetivo que se está usando ahora en el mundo académico para referirse a los cursos de nivelación o de recuperación. Pero si buscamos en el diccionario veremos que ese término no existe. Digamos, entonces, «curso de recuperación», o «curso de nivelación», pero no «curso remedial».

Rentar
Por influjo del inglés, en algunos países de América está asentado el uso del verbo «rentar» como sinónimo de «alquilar». En el español común a todo el ámbito hispánico, sin embargo, «rentar», significa que una cosa produce beneficio o utilidad. Se dice, por ejemplo, que una casa me renta varios miles de pesos al año. Conviene evitar,

entonces, el uso del verbo «rentar» en lugar de «alquilar»: yo alquilo (no rento) una película, una casa, etc.

Snacks

El sustantivo *snack* no ha sido incorporado a nuestra lengua. Podemos usar cualquiera de estas traducciones: tentempié, refrigerio o colación.

Tomar decisiones

En español, se dice «tomar decisiones», no «hacer decisiones», como aparece en este trozo de un mensaje que me llegó por correo electrónico:

> Probablemente hizo tantas ó mayores decisiones en relación con nuestra historia como Nación como las que hicieron los otros 42 Presidentes que lo precedieron. (También tiene otros tres errores. A ver si los descubre...)

Tutorial

Mi amigo Donald me pregunta si existe un equivalente en español para la palabra inglesa «tutorial», que se usa, por ejemplo, en expresiones como «Pearl Programming Tutorial».

Es claro que «tutorial» no existe en español, por lo tanto, hay que encontrar un equivalente. Yo propongo «guía», o «guía práctica». En efecto, la definición que da el Webster de «tutorial» es

> *a paper, book, film, or computer program that provides practical information about a specific subject.*

Y el DRAE nos dice que «guía» es un

> Tratado en que se dan preceptos para encaminar o dirigir en cosas, ya espirituales o abstractas, ya puramente mecánicas.

Artículos

¿Petén o el Petén?

¿Es correcto anteponer artículo al nombre de ciertos departamentos de Guatemala, como va siendo habitual? No es infrecuente escuchar en nuestros noticieros, por ejemplo, «el Petén» o «el Quiché». Algo parecido sucede también con la manera de nombrar a algunos países: la Argentina, el Perú, el Ecuador, el Uruguay, etc. Lo que la Academia dice al respecto es que *no suele* anteponerse el artículo al nombre del país (o departamento), o es opcional. El *Diccionario Panhispánico de Dudas* dice al respecto lo siguiente:

> 5. **Uso con topónimos**. Ciertos topónimos incorporan el artículo como parte fija e indisociable del nombre propio, como ocurre en *El Cairo, La Habana, La Paz, Las Palmas* o *El Salvador*. Muchos nombres de países, y el de algunos continentes, pueden emplearse con o sin artículo, como es el caso de *(el) Afganistán, (el) África, (la) Argentina, (el) Asia, (el) Brasil, (el) Camerún, (el) Canadá, (el) Chad, (la) China, (el) Congo, (el) Ecuador, (los) Estados Unidos, (la) India, (el) Líbano, (el) Pakistán, (el) Paraguay, (el) Perú, (el) Senegal, (el) Uruguay, (el) Yemen*, etc. La preferencia mayoritaria por el uso con o sin artículo varía en cada caso, aunque con carácter general puede afirmarse que la tendencia actual es a omitir el artículo. Por otra parte, los nombres de comarcas, ríos, montes, mares y océanos van obligatoriamente introducidos por el artículo: *la Amazonia, la Mancha, el Orinoco, el Ebro, los Alpes, el Himalaya, el Mediterráneo, el Pacífico,* etc.

Excepto en el caso de los Estados Unidos, en el que el uso ha hecho que puedan emplearse las dos formas, estos topónimos deben escribirse siempre con artículo: *los Países Bajos, la Confederación*

Helvética, los Emiratos Árabes Unidos, el Reino Unido, la República Dominicana, la República Checa…

En mi opinión, es preferible decir «Petén» y «Argentina», no «el Petén» ni «la Argentina».

«El agua», pero «la aguamarina»

Hay quienes dudan sobre si se dice «el águila» o «la águila», «el hacha» o «la hacha», «el agua» o «la agua», etc. La regla para estos casos es muy sencilla, y nos la da el DPD:

> El artículo femenino *la* toma obligatoriamente la forma *el* cuando se antepone a sustantivos femeninos que comienzan por /a/ tónica (gráficamente a- o ha-), con muy pocas excepciones (→ 2.3); así, decimos el águila, el aula o el hacha (y no la águila, la aula o la hacha). (…) El uso de la forma el ante nombres femeninos solo se da cuando el artículo precede inmediatamente al sustantivo, y no cuando entre ambos se interpone otro elemento: el agua fría, pero la mejor agua; el hacha del leñador, pero la afilada hacha (…)

¿Cuáles son las excepciones? Son las siguientes:

a) Se usa *la* y no /i/ ante los nombres de las letras a, hache y alfa (…)

b) En el caso de los sustantivos que comienzan por /a/ tónica y designan seres sexuados, si tienen una única forma, válida para ambos géneros, se mantiene el uso de la forma *la* del artículo cuando el referente es femenino, ya que este es el único modo de señalar su sexo: la árabe, la ácrata. Si se trata, en cambio, de sustantivos de dos terminaciones, una para cada género, la tradición nos ha legado el uso de la forma *el* del artículo ante el nombre femenino, como en el caso de ama o aya: «Ya vienen hacia ustedes el ama de llaves y dos mozos» (...)

c) Cuando el artículo acompaña a topónimos femeninos que comienzan por /a/ tónica (→ 5), el uso es fluctuante. Con los nombres de continente se emplea la forma *el*: «Existen [...] diferencias grandes entre el África, el Asia y la América Latina» (...); en el caso de las ciudades o los países, en cambio, se emplea con preferencia la forma *la*, que incluso forma parte del nombre propio en el caso de La Haya: «El Tribunal de La Haya rechazó la apelación libia» (Expreso [Perú] 15.4.92) (...)

Es importante observar, sin embargo, que la regla es distinta para los sustantivos que comienzan por /a/ átona:

Ante sustantivos que comienzan por /a/ átona se usa hoy, únicamente, la forma *la*: la amapola, la habitación. Ha de evitarse, por tanto, el error frecuente de utilizar la forma *el* del artículo ante los derivados de sustantivos femeninos que comienzan por /a/ tónica, cuando esa forma derivada ya no lleva el acento en la /a/ inicial; así, debe decirse, por ejemplo, la agüita, y no el agüita. Este mismo error debe evitarse en el caso de sustantivos femeninos compuestos que comienzan por /a/ átona, pero cuyo primer elemento, como palabra independiente, comienza por /a/ tónica; así, por ejemplo, debe decirse la aguamarina, y no el aguamarina.

Hambre y azúcar

«Hambre» y «azúcar» son sustantivos femeninos. ¿Por qué, entonces, decimos «el hambre» y «el azúcar»? Sabemos que

El artículo femenino la toma obligatoriamente la forma «el» cuando se antepone a sustantivos femeninos que comienzan por /a/ tónica (gráficamente a- o ha-), con muy pocas excepciones (→ 2.3); así, decimos el águila, el aula o el hacha (y no la águila, la aula o la hacha) (DPD).

La regla anterior se aplica al caso de «hambre» (comienza con /a/ tónica). En el caso de «azúcar», es una de esas «pocas excepciones»:

> Este sustantivo tiene, además, la particularidad de admitir su uso con la forma el del artículo y un adjetivo en forma femenina, a pesar de no comenzar por /a/ tónica: «Se ponen en una ensaladera las yemas y el azúcar molida» (Ortega Recetas [Esp. 1972]). Se trata de un resto del antiguo uso de la forma el del artículo ante sustantivos femeninos que comenzaban por vocal, tanto átona como tónica, algo que era normal en el español medieval (DPD).

Barbarismos

Banear

Leído en un blog:

> Lo que está claro es que Facebook necesita revisar su política sobre estos casos, ya que no es la primera vez que banean a un usuario por tener una cuenta legítima.

¿Se dan cuenta? ¡Banean! *To ban*, en inglés, significa «proscribir». ¿Qué les costaba decir: «no es la primera vez que proscriben a un usuario»?

Calcos y falsos amigos

«Estamos abiertos»
Ayer fuimos a desayunar a la panadería San Martín del centro comercial Escala. Todo muy bien, como siempre, excepto el anuncio que pegaron en la puerta: «Estamos abiertos el 24». Aparte de que suena muy mal, es una traducción literal del inglés *We are open*, que no va con el genio del español. ¿Por qué no decir, simplemente, «Abrimos el 24»?

«Eventualmente» no significa «finalmente»
Se está difundiendo mucho el uso de «eventual» y «eventualmente» con el sentido de «final» o «finalmente». Hoy escuché en un programa de radio esta frase: «eventualmente será aprobado por el Congreso». En castellano, eventual significa «que puede darse o suceder, o no», como en «Una eventual recaída podía ocasionarme graves problemas». «Eventualmente» significa «de manera eventual o circunstancial»: «La diarrea estival, que eventualmente aqueja a los cachorros, [...] debe consultarse de inmediato». El *Diccionario Panhispánico de Dudas* censura el uso de «eventualmente» para significar «final o finalmente». Es un calco del inglés.

«Plausible» no es «verosímil»
De nuevo, un falso amigo: en inglés, *plausible* significa «verosímil» o «creíble»: «*It is a plausible solution*», por ejemplo; pero en español, «plausible» significa: «1. adj. Digno o merecedor de aplauso. 2. adj. Atendible, admisible, recomendable». Cuando alguien dice, por ejemplo, «Hubo para ello motivos plausibles» no quiere decir que hubo motivos creíbles, sino motivos admisibles.

Absolutamente

Con cierta frecuencia escucho la expresión «absolutamente», empleada para indicar acuerdo total con una posición. Sospecho que quienes la usan tienen en mente la palabra inglesa *absolutely*. Si es así, sería este un caso de falso amigo. Considere las siguientes frases del inglés, traducidas al español

- *You're absolutely right: tienes toda la razón.*
- *Do you support him? —absolutely: ¿lo apoyas? — completamente.*
- *Absolutely not!: ¡en absoluto!*
- *It is absolutely forbidden: está terminantemente prohibido.*

(Fuente:http://www.spanishdict.com/translate/absolutely)

En ningún caso traducimos *absolutely* por «absolutamente», y en el único caso en que empleamos «en absoluto» es para indicar descuerdo. El DRAE no nos da muchas pistas al respecto; de «absolutamente» solo dice «de manera absoluta». Ciertamente, una de las acepciones del adjetivo «absoluto» es

> **2.** adj. Dicho de un juicio, de una opinión, etc., o de la voluntad y sus manifestaciones: Terminante, decisivo, categórico.

Esto me da a entender que sí podemos responder con el adverbio «absolutamente» para mostrar nuestra opinión acerca de un juicio. En todo caso, creo que va más con el espíritu de nuestra lengua emplear expresiones como «totalmente» o «ciertamente».

Aplicantes

En el ámbito académico se usa con frecuencia el término «aplicante» para referirse a alguien que solicita su inscripción en un programa de estudios. Es un burdo anglicismo. El *Diccionario Panhispánico de Dudas* dice al respecto:

> **aplicar**(se). 1. En español significa, como transitivo, "poner [una cosa] sobre otra", "emplear o poner en práctica [algo] con un fin determinado" y "referir o asignar [un nombre] a alguien o algo": «El doctor [...] aplicó su oído al pecho del niño» (Araya Luna [Chile 1982]); «Hay que aplicar la inteligencia para demostrarles amor» (Cuauhtémoc Grito [Méx. 1992]); «En los primeros trabajos publicados se le aplicó el nombre de ponosis» (Marcos Salud [Esp. 1989]). Como intransitivo pronominal significa "poner el máximo esfuerzo e interés en realizar algo" y lleva un complemento introducido por a o, menos frecuentemente, en: «Me apliqué a una tediosa labor de limpieza» (Bojorge Aventura [Arg. 1992]); «El jardinero deberá aplicarse en conservar la mayor cantidad posible de ramas jóvenes» (Tiscornia Arbustos [Arg. 1978]). 2. No debe emplearse con el sentido de "solicitar, especialmente por escrito", uso frecuente en el español americano por calco del inglés *to apply*: aplicar a un trabajo, aplicar a una beca. Lo mismo cabe decir del uso de aplicación por solicitud, calco censurable del inglés *application*.

De manera que yo no aplico a una beca, sino que solicito una beca; no soy un aplicante para la carrera de ingeniería, sino un **candidato**.

Asumir no es suponer

Un falso amigo muy frecuente: «asumir», en lugar de «suponer». Algunas personas, por influencia del inglés, dicen, por ejemplo: «asumamos que eso es cierto», cuando en español lo correcto sería decir: «supongamos que eso es cierto». «Asumir», en español, significa:

1. tr. Atraer a sí, tomar para sí.

2. tr. Hacerse cargo, responsabilizarse de algo, aceptarlo.

3. tr. Adquirir, tomar una forma mayor.

Bizarro
Otro falso amigo: «bizarro» no significa lo mismo que *bizarre*. Nuestro «bizarro» viene del italiano *bizarro* (iracundo), y significa «valiente, esforzado», o bien «generoso, espléndido». El inglés *bizarre*, aunque también procede de la misma palabra italiana, llegó a significar «extravagante, estrafalario, raro». Sería una incorrección, por lo tanto, decir que alguien es una persona bizarra, si quiere dar a entender que es extravagante o rara. Propiamente hablando, estaría diciendo que es una persona valiente o generosa.

Capturar fotografías
Escuché en un noticiero del medio día que la cianobacteria está volviendo al lago de Atitlán. Decía la periodista que eso se sabía porque un satélite de la NASA había capturado unas fotografías del lago. Me parece que esa expresión («capturar fotografías») es un calco del inglés *to capture pictures*. En español se dice «tomar fotografías».

Compromiso: no hagamos concesiones.
En inglés, *compromise* significa un acuerdo sobre diferencias alcanzado por mutuas concesiones, o algo intermedio entre diferentes cosas. No está bien, por lo tanto, traducir *compromise* por «compromiso», pues «compromiso», en español, significa una obligación contraída, una dificultad o una promesa matrimonial. En derecho —y este es el significado que más se aproxima al inglés—, «compromiso» también significa un «convenio entre litigantes, por el cual someten su litigio a árbitros o amigables componedores». Pero notemos que ni aún en este caso *compromise* equivale a «compromiso». Estaría

mal, por lo tanto, decir, por ejemplo: «debemos llegar a un compromiso con el inglés», para dar a entender que debemos llegar a una solución intermedia. En español, esa oración significaría algo así como que deberíamos comprometernos con el inglés.

Si decimos «solución de compromiso», las cosas cambian. El *DRAE* dice que «de compromiso» es una solución o una respuesta que se da por obligación, por necesidad de complacer. Siguiendo con el ejemplo anterior, si en lugar de decir «debemos llegar a un compromiso con el inglés» dijéramos «debemos llegar a una solución de compromiso con el inglés», estaríamos diciendo que necesitamos dar una respuesta por simple necesidad de complacer. En suma: los compromisos, en español, son obligaciones. «En esto no hay compromisos» es una forma incorrecta de decir «En esto no hay concesiones».

Copiar y pegar

Hace poco estaba escribiendo instrucciones para un examen, y tuve la tentación de escribir: «copie la frase en griego y péguela en el espacio en blanco». Algo no me sonaba bien. ¡Claro! Es un calco de la expresión inglesa. En español, decimos simplemente «copie la frase»: como cuando éramos niños, la maestra nos decía: «copien en sus cuadernos lo que está escrito en el pizarrón». Nuestro concepto de copiar implicar «pegar»; no importa que lo hagamos con la computadora. Cuando *«copy-pasteamos»* (como dicen algunos bárbaros) estamos, de hecho, duplicando algo. El caso es distinto si lo que se nos pide hacer es «cortar y pegar». De cualquier manera, creo que debemos apegarnos a nuestro simple «copiar» y evitar esos calcos tan espantosos.

Dejar un comentario

Se está extendiendo el uso de la expresión «dejar un comentario». Este es un claro calco del inglés *leave us a comment*. Aunque no está mal formada, me parece que esa expresión no responde al genio del idioma español. En su lugar, podríamos decir «escríbanos», o «envíenos sus comentarios».

Deletear
El colmo de los colmos: oí a alguien decir alguna vez: «¡deleteá eso!», por «¡borrá eso!». Si hubiera aprendido lo que decía Catón, «*delenda est Carthago!*», sabría que la palabra inglesa *delete* procede del latín *deleo* («yo aniquilo, destruyo, borro»). De ahí viene el adjetivo castellano «deletéreo», algo destructivo.

Disconexo
Disconexo no existe en español. Se dice «inconexo». Es posible que el error se deba a una asociación con el inglés «disconnect».

Epítome
Me encontraba traduciendo un texto filosófico escrito en inglés y al llegar a la siguiente oración me pregunté cómo debería traducir *epitomize*:

> «The book series that epitomizes this approach is Routledge's "Arguments of the Philosophers" (…)»

Yo entendía lo que se quería decir: que hay un cierto enfoque de filosofía que una serie de libros se especializa, por decir así, en difundir. Pero sabía que no podía decir que «la serie de libros de Routledge, "Argumentos de los filósofos", *epimotiza* este enfoque», pues «epitomizar» no existe en español. En cambio, sí existe «epítome». El DRAE define «epítome» como

> **1.** m. Resumen o compendio de una obra extensa, que expone lo fundamental o más preciso de la materia tratada en ella.

2. m. *Ret.* Figura que consiste, después de dichas muchas palabras, en repetir las primeras para mayor claridad.

«Epítome», por lo tanto, no es lo mismo que «epitome», por más que el traductor de Google así nos lo indique. Vean ustedes cómo define «epitome» el diccionario de la Random House:

> *a person or thing that is typical of or possesses to a high degree the features of a whole class: He is the epitome of goodness.*
>
> *A condensed account, esp. of a literary work; abstract.*

Es la segunda acepción del término inglés la que coincide con la primera de la definición de «epítome» en español. Por lo tanto, hay que tener cuidado en cómo traducimos ese término.

En el caso de la oración que transcribí más arriba, decidí traducirla de la siguiente manera:

> La serie de libros que representa por antonomasia este enfoque es «Argumentos de los Filósofos», de Routledge (…)

También pude haber dicho:

> La serie de libros que encarna este enfoque es «Argumentos de los Filósofos», de Routledge.

Evidencia circunstancial

En las películas que tratan sobre juicios a menudo se escucha la expresión «evidencia circunstancial», en oraciones como «tal o cual cosa es solamente evidencia circunstancial», para indicar que ciertas **pruebas** no son aceptables o concluyentes. El *Diccionario Panhispánico de Dudas* recoge este caso bajo la voz «evidencia», y dice:

evidencia. (...) en inglés, *evidence* es toda prueba (circunstancial, testimonial, material, documental, etc.) que se alega en un proceso judicial; en español, solo sería aceptable como sinónimo de *prueba evidente,* esto es, prueba clara y manifiesta; así, no resultan apropiados usos como los siguientes. *«Las evidencias que se han aportado no parecen en todo caso muy convincentes»* (Ninyoles *Idiomas* [Esp. 1977]); *«Las circunstancias y las evidencias eran claras en contra del Dr. Sittón»* (*Siglo* [Pan.] 12.5.97).

La traducción correcta de *circumstantial evidence*, por tanto, sería «prueba o indicio circunstancial».

Llevo ropa, pero no por casualidad

Los hispanohablantes no decimos que llevamos ropa «casual». Nuestros abuelos, al oírnos hablar así, entenderían que llevamos ropa «por un casual», es decir, por casualidad. Lo que hoy se quiere decir con esa expresión calcada del inglés (*casual*) es lo que en español se llama ropa informal.

No más secuelas

A las segundas partes o continuaciones de las películas se les llama hoy «secuelas». Pero esto es claramente un error, porque «secuela» en español significa: «1. f. Consecuencia o resulta de algo. 2. f. Trastorno o lesión que queda tras la curación de una enfermedad o un traumatismo, y que es consecuencia de ellos» (*DRAE*).

El error procede de pensar que la palabra inglesa *sequel*, significa lo misma que «secuela». *Sequel*, al introducirse al español como secuela, viene a ser un falso amigo, porque en inglés significa «una obra literaria o cinematográfica completa en sí misma, que es la continuación narrativa de una obra previa».

Cuando alguien dice «las secuelas de Harry Potter», a mí se me vienen a la mente las pesadillas que esa película me causó.

Odio decir esto

Bajaba de mi casa a la ciudad y me di cuenta de que las calles de la zona 10 estaban mojadas y los baches llenos de agua. Y pensé: «odio cuando las calles están mojadas». En ese momento, mi conciencia lingüística se despertó y me advirtió: «lo que acabas de decir ofende al genio del idioma».

En efecto: en español decimos «no me gusta cuando…», «detesto cuando…», «me disgusta que…», «me molesta que…», «no me agrada que…» o «me siento mal cuando…», pero no «odio cuando…». «Odiar» es un verbo transitivo: odiamos a personas o cosas, y podemos odiar a alguien cuando hace tal o cual cosa, pero no es castellano sino inglés decir simplemente «odio cuando» (¿A quién o qué odio cuando…?). Es una traducción literal del *I hate when*… Sí podemos utilizar un verbo en infinitivo después de la forma personal, como en la oración «odio decir esto, pero caí en un anglicismo».

De todas formas, ese «odio» no suena muy castellano. El genio de nuestro idioma dirige preferentemente el sentimiento de odio hacia las personas, pues odiar conlleva desear el mal. De manera que, aunque me pese que se haya terminado nuestro veranito, no puedo odiar el clima ni las calles, pues no les puedo desear ningún mal. No debí haber dicho —o pensado— «odio cuando las calles están mojadas», sino «detesto las calles mojadas».

Oriente próximo

Iba una mañana camino a una reunión escuchando por Radio Faro una hermosa melodía del Próximo Oriente. Me trajo recuerdos de Jerusalén, San Juan de Acre, Tiberías… Me fascina el Oriente.

Fíjense que he dicho el Oriente Próximo, que es como se decía antes, y no el Medio Oriente, como se dice ahora por culpa de los periodistas. Decíamos Oriente Próximo por oposición o en contraste con el Lejano Oriente (China, India). «Medio Oriente», por supuesto, es una traducción de *Middle East*, que no sé de dónde sacaron los ingleses, pero que para mí no tiene sentido. Si el Oriente abarcara de Siria a China, el «Medio Oriente» sería Tajikistán o algún país de esos, ¿no es cierto?

Algo parecido sucede con la Media Luna musulmana. Yo veo una luna nueva o un cuarto creciente. Los franceses, me parece, llaman a la Media Luna Roja (el equivalente de nuestra Cruz Roja), *Croissant Rouge* (Creciente Roja), con más sentido

Peligros y riesgos potenciales

Yo creía que si tengo el riesgo de que me asalten esta tarde, existe la posibilidad de que me asalten. Pero tanta insistencia en poner «riesgos potenciales» o «peligros potenciales» me hace dudar. Si dicen «riesgos potenciales» será porque hay «riesgos actuales». Lo que me pregunto es cuál será la diferencia entre un riesgo o un peligro «potencial» y uno actual. ¿Será que en los «potenciales» la posibilidad de que ocurran sea remota, mientras en los «actuales» es real? Poco me importa a mí, sin embargo, saber si el riesgo de que me asalten es real o es solamente potencial; lo que sé es que existe el riesgo.

Digo lo anterior porque veo con preocupación que algunas personas están copiando del inglés la expresión *potential risk* o *potential danger* como «riesgo potencial» o «peligro potencial», sin darse cuenta de que en español tanto «riesgo» como «peligro» llevan implícita la idea de posibilidad.

Lean, por ejemplo, estas frases, tomadas de un texto traducido; quítenles la palabrita «potencial» y verán que el significado no cambia: «ni él ni su equipo de dirección habían comprendido del todo los riesgos potenciales de la empresa en este campo»; «no se hacía mención alguna del riesgo potencial de filtración de productos tóxicos»; «pensaba que debía advertir a la comunidad local del peligro potencial».

Por cierto
Una mala traducción del término inglés *incidentally* es «incidentalmente». No creo que mis estimados traductores cometan ese error; pero, por si acaso, la traducción correcta de *incidentally* es «por cierto».

Incidentally también se puede traducir, dependiendo del contexto, por «incidentemente», que significa «accidentalmente, por casualidad».

Potencial y posible
Decir «consumidores potenciales» es una mala traducción del inglés *potential consumers*. Aunque en español exista la palabra «potencial», es preferible decir «posibles consumidores».

Relevant y relevante
Relevant, en inglés, significa «pertinente», «que viene al caso»; «relevante», en español, significa «de mucho relieve, destacado, importante». La marca comercial «Relevant Ads», por ejemplo, significa «anuncios pertinentes» no «anuncios importantes».

Rutinario no es sinónimo de habitual
En español, «rutinario» es lo que se hace con rutina, por mera práctica y sin reflexión. No debe emplearse, por tanto, como equivalente a ordinario, periódico, habitual, de trámite. Expresiones como «la policía hizo una revisión de rutina», o «está haciendo su rutina de ejercicios», son incorrectas. Debe decirse: «La policía hizo una inspección ordinaria», «está haciendo sus ejercicios acostumbrados».

Ser honesto no es lo mismo que ser sincero
Una columnista escribía hoy: «Pero siendo honesta, lo que más me asusta es la posibilidad, nada lejana, de que nos veamos nosotros los guatemaltecos en los mismos trapos de cucaracha». ¿No habrá querido decir «siendo sincera»?

Creo que nuestra columnista está confundiendo la honestidad con la sinceridad, por influjo del inglés. En efecto, *to be honest*, en inglés, significa «ser sincero», mientras que para nosotros, «ser honesto» significa ser «decente o decoroso; recatado, pudoroso; razonable, justo; probo, recto, honrado».

Cambios en el diccionario

Galería
En la página de Facebook de *el Periódico* del 17 de septiembre, se lee la siguiente noticia:

> Finaliza encuentro entre Peña Nieto y Pérez Molina. Vea la galería de imágenes.

Llama la atención el uso que se da aquí, ya bastante frecuente, a la palabra «galería». Normalmente, para referirnos a un conjunto de imágenes (mejor: fotografías) diríamos «álbum», pero el artículo enmendado del DRAE ya recoge esta acepción de «galería»:

> 4. f. Conjunto de retratos, fotografías o bustos de personas notables. Una galería de hombres o mujeres sobresalientes.

Ahora bien: notemos que, según la definición, bastaría con decir «vea la galería», pues una galería es un conjunto de fotografías. «Vea la galería de imágenes» sería, pues, redundante. Y tampoco parece muy castellano eso de «imágenes»; nosotros decimos «fotografías», o «fotos».

Sea como fuere, una nueva acepción se ha añadido a las dieciocho que ya tenía el sustantivo «galería».

Liderato y liderazgo
Liderato es una de esas palabras cuya definición ha sido corregida en la última edición del DRAE. En la edición en línea de este diccionario, al buscar «liderato» lo primero que encontramos es: «condición de líder» o «ejercicio de sus actividades». Pero al lado de

esta definición encontramos un botón rojo que nos pone «artículo enmendado», y este nos refiere a «liderazgo». Cuando encontramos estas referencias significa que la Academia prefiere la forma de una palabra a la que la primera refiere. De manera que es mejor decir «liderazgo» que «liderato». El artículo enmendado de este sustantivo ha añadido una acepción a las anteriores: «situación de superioridad en que se halla una institución u organización, un producto o un sector económico, dentro de su ámbito».

Matrimonio
Por Rosa Mendoza de Hernández

El DRAE, en su edición del 2014, ha agregado una nueva acepción a la palabra matrimonio.

Anteriormente, definía matrimonio como la unión de hombre y mujer, concertada mediante ciertos ritos o formalidades legales para establecer y mantener una comunidad de vida e intereses.

> La nueva definición incluye también la unión entre personas del mismo sexo:

En determinadas legislaciones, unión de personas del mismo sexo, concertada mediante ciertos ritos o formalidades legales, para establecer y mantener una comunidad de vida e intereses.

Lo anterior demuestra que el DRAE, al igual que todos los diccionarios, es una obra viva, que registra cambios en los significados que los hablantes les dan a las palabras, de acuerdo a sus necesidades y a las necesidades de la sociedad.

Citas

Decir las cosas bien
Hacía mucho tiempo que buscaba este texto: «Decir las cosas bien», de José Enrique Rodó. Lo recuerdo bien: lo leí en mi libro de idioma español de segundo curso (octavo grado), en enero de 1976, y me encantó. Con el paso del tiempo, mi libro de español acabó deshojado, y le perdí la pista al texto de Rodó. Durante varios años lo busqué en Internet, pero no fue sino hasta hoy que tuve la suerte de encontrarlo. Ahora veo que su fecha de publicación original es 1899, y que forma parte del libro *El mirador de próspero* (Montevideo: José María Serrano, 1913).

Lo transcribo a partir de la copia de *El mirador de próspero* que se encuentra en Cervantes Virtual. Espero que les guste tanto como a mí.

Decir las cosas bien…

> Decir las cosas bien, tener en la pluma el don exquisito de la gracia y en el pensamiento la inmaculada linfa de luz donde se bañan las ideas para aparecer hermosas, ¿no es una forma de ser bueno?… La caridad y el amor ¿no pueden demostrarse también concediendo a las almas el beneficio de una hora de abandono en la paz de la palabra bella; la sonrisa de unas frase armoniosa; el beso en la frente de un pensamiento cincelado; el roce tibio y suave de una imagen que toca con su ala de seda nuestro espíritu?
>
> La ternura para el alma del niño está, así como en el calor del regazo, en la voz que le dice cuentos de hadas; sin los cuales habrá algo de incurablemente yermo en el alma que se forme

sin haberlos oído. Pulgarcito es un mensajero de San Vicente de Paul. Barba-Azul ha hecho a los párvulos más beneficios que Pestalozzi. La ternura para nosotros —que sólo cuando nos hemos hecho despreciables dejamos enteramente de parecernos a los niños—, suele estar también en que se nos arrulle con hermosas palabras. Como el misionero y como la Hermana, el artista cumple su obra de misericordia. Sabios: enseñadnos con gracia. Sacerdotes: pintad a Dios con pincel amable y primoroso, y a la virtud en palabras llenas de armonía. Si nos concedéis en forma fea y desapacible la verdad, eso equivale concedernos el pan con malos modos. De lo que creéis la verdad ¡cuán pocas veces podéis estar absolutamente seguros! Pero de la belleza y el encanto con que lo hayáis comunicado, estad seguros que siempre vivirán.

Hablad con ritmo; cuidad de poner la unción de la imagen sobre la idea; respetad la gracia de la forma ¡oh pensadores, sabios, sacerdotes! y creed que aquellos que os digan que la Verdad debe presentarse en apariencias adustas y severas son amigos traidores de la Verdad.

Las palabras nos confirman en la existencia

En su discurso de aceptación del premio Nobel, la novelista, poetisa y ensayista rumano-germana Herta Müller afirma que

«Me parece que los objetos no conocen su material, que los gestos no conocen sus sentimientos y las palabras tampoco conocen la boca que las enuncia. Pero para asegurarnos nuestra propia existencia necesitamos los objetos, los gestos y las palabras. Cuanto más palabras nos es permitido usar, tanto más libres somos».

Agregaría que también necesitamos a las personas para confirmarnos en la existencia; desde luego, es mejor cuando las personas nos hablan. Y sobre la relación entre las palabras y la libertad, añadiría que para ser más libres debemos aprender a emplear bien las palabras. Las reglas ortográficas —en su sentido más amplio, de escritura correcta—, no nos quitan libertad, sino que nos ayudan a comunicar con más facilidad y precisión nuestras ideas y sentimientos. Entre mejor dominemos las reglas del lenguaje, más eficaz será nuestra comunicación. Seremos más libres para expresar lo que queremos.

Una cita de Erasmo
Sé que copié la siguiente cita de Erasmo del libro *La filosofía como una de las bellas artes,* de mi amigo Daniel Innerarity, pero lamentablemente no anoté la fuente original. La cita, sin embargo, viene muy a cuento de los temas de nuestro blog:

> [los que] se apresuran a conocer las cosas, descuidan el aliño y la policía de las palabras, toman un atajo barrancoso y sufren grandes quebrantos. Dado que las cosas no se conocen sino por los signos de las voces, el que desconoce la eficacia del lenguaje a cada paso anda a ciegas en el conocimiento de las cosas y es lógico que sufra alucinaciones y delirios. Te advierto que verás menos que los que cavilan sobre palabrillas, con aquellos otros que, con jactancia, pregonan que no les interesan las palabras, sino que van directamente a las cosas (Erasmo de Rotterdam)

Computación

«Subir» algo a la nube
Aunque se ha difundido al punto en el que probablemente termine siendo aceptado por la Academia el término «subir», para referirse publicar algo en Internet, no es correcto. ¿Se han puesto a pensar qué sentido tiene decir que «subimos» algo a Internet? ¿Es que la red está en las nubes? Lo que «ponemos» en la red lo hacemos público; es decir, lo publicamos.

Concordancia

«Existe un número...»

Tomado de una publicación: «Existen un número importante de empresas que...» El error de concordancia es evidente. El verbo «existir» debe concordar con su complemento («número») que en ese caso es singular, aunque digamos «un número (una cantidad) importante de empresas». Lo correcto, por lo tanto, es decir: «Existe un número importante de empresas que...»

Concordancia «ad sensum»
Por Rosa Mendoza de Hernández

La concordancia *ad sensum* (según el sentido) en plural se presenta cuando se concuerdan ciertos sustantivos colectivos, en función de sujeto, con el verbo en plural en lugar de hacerlo con el verbo en singular.

Así, hay tendencia a concordar con el verbo en plural ciertos sustantivos colectivos como *vecindario, familia, juventud,* especialmente cuando van acompañados del cuantificador *todo* o de adjetivos como *completo* o *entero*.

Esta tendencia hace frecuentes construcciones como las siguientes:

★*Toda la familia **iban** de vacaciones* (incorrecto) en lugar de *Toda la familia **iba** de vacaciones* (correcto)

★*Esto fue lo que **acordamos** todo el comité* (incorrecto) en lugar de *Esto fue lo que **acordó** todo el comité* (correcto)

★*El vecindario completo se mostraron satisfechos* (incorrecto) en lugar de *El vecindario completo se **mostró** satisfecho* (correcto)

La *Nueva Gramática de la Lengua Española* recomienda evitar la concordancia *ad sensum* desencadenada por el contenido de pluralidad del sustantivo colectivo (815).

Concordancia de los ordinales

Mi amigo Anton Toursinov ha observado que algunos conductores de programas de televisión cometen un error de concordancia de género cuando usan adjetivos ordinales. Por ejemplo, dicen «la primer noticia», en lugar de «la primera noticia».

Yo también he escuchado este tipo de error en algunas personas. Siendo un error tan elemental, no sé a qué causa atribuir su origen. Pero valga este comentario como registro de los errores de lenguaje que se comenten en Guatemala.

Conjugación

¿Gastos pagos o pagados?
Al igual que a otros guatemaltecos, a mí me resulta un tanto extraña la expresión «gastos *pagos*». En Guatemala decimos «gastos pagados». ¿Cuál es el participio del verbo pagar? Un poco de investigación nos aclara la dificultad. Dice el *Diccionario Panhispánico de Dudas*:

> En el español general actual el participio es *pagado*: «*Con creces he pagado la deuda que tenía con vuestro padre*» (Britton *Siglo* [Pan. 1995]); «*Usted me hizo una gauchada hace dos años. Queda pagada*» (Galeano *Días* [Ur. 1978]); «*Fui la actriz mejor pagada de la radio*» (Posse *Pasión* [Arg. 1995]). Pero en gran parte de América pervive en el uso coloquial el antiguo participio irregular *pago*, normalmente en función adjetiva: «*Es uno de los jugadores mejor pagos de la Liga*» (*Clarín* [Arg.] 19.1.97); «*Tenemos seguro y está pago. Si no fuera así, no podríamos circular*» (*Clarín* [Arg.] 23.10.00).

¿Impreso o imprimido?
¿Cuál es la forma correcta del participio del verbo imprimir: impreso o imprimido? La respuesta es: ambas. Se puede decir «se han impreso mil volantes» o «se han imprimido mil volantes».

¿Soldo o sueldo?
Algunas personas dudan sobre cómo conjugar «soldar» en presente de indicativo, primera persona. ¿Yo «soldo» o «sueldo»? Para estos casos, tenemos la valiosa ayuda del DRAE en línea. Buscamos «soldar» en http://rae.es/ y al aparecer la definición del verbo vemos en la

esquina superior derecha un botón azul que dice «conjugar». Allí está la respuesta: se dice «yo sueldo», «tú sueldas», «él suelda», etc.

¿Veniste o viniste?
¿Cuál es la conjugación correcta de «venir», en pretérito perfecto simple, o pretérito, para la segunda persona del singular? Es «viniste», no «veniste».

«Me golpié»
¿Qué forma es la correcta: «me golpié» o «me golpeé»? Aunque la pronunciación tienda a ser «golpié», la forma correcta es «golpeé», así como para la tercera persona del singular es «se golpeó», y no «se golpió».

Asuela
El presente de la tercera persona singular de «asolar» es «asuela», no «asola».

Cocer y coser
En Guatemala, muchos conjugan el verbo «cocer» como «coser». Así por ejemplo, se dice «faltan diez minutos para que se **cosa** (o coza) el arroz», cuando lo correcto es «faltan diez minutos para que se **cueza** el arroz». La conjugación del presente de indicativo de este verbo es como sigue:

    cuezo
    cueces / cocés
    cuece
    cocemos
    cocéis / cuecen
    cuecen

Del presente de subjuntivo:

> cueza
> cuezas
> cueza
> cozamos
> cozáis / cuezan
> cuezan

La conjugación completa del verbo «cocer» se encuentra en el DRAE en línea, en la entrada respectiva.

Escanear

El verbo «escanear» ya está admitido por la Academia. Se define como «pasar por el escáner». El pretérito de la primera persona de singular es «escaneé», no «escanié».

Financio, no financío

Algunas personas conjugan el verbo «financiar» en presente de indicativo rompiendo el diptongo en el sufijo de persona, pero es incorrecto. No se dice «financío», sino «financio»; no se dice «financía», sino «financia», etc.

Freído

¿Cómo se dice, «freído» o «frito»? Las dos formas son correctas. «Freír» es uno de esos tres verbos que tienen dos participios (los otros son «imprimir»: «impreso», «imprimido», y «proveer»: «provisto», «proveído»).

Hice, haya hecho

Aparentemente, las nuevas generaciones ya no pueden conjugar los verbos en modo subjuntivo. Así, en lugar de decir, por ejemplo, «no puedo creer que haya hecho tal cosa», muchos jóvenes dicen: «no puedo creer que hice tal cosa».

Renuevo
«Renovar» se conjuga, en presente, de la siguiente manera: *renuevo, renuevas, renovás renueva, renovamos renováis, renuevan, renuevan*. No se dice, por lo tanto, «renovo» ni «renovas», sino «renuevo» y «renuevas»..

Consejos

El secreto para escribir bien

Muchos maestros se quejan de que sus alumnos no saben escribir; de que para ellos —sus alumnos— «las tildes no existen», y cosas por el estilo. Yo siempre he dicho que el secreto para escribir bien —o al menos, decentemente— es tener en mente al lector y guardarle el respeto debido.

En el libro de Daniel Cassany, *La cocina de la escritura*, leí este consejo: lee como escritor, y escribe como lector. Esto significa que cuando uno está leyendo debe siempre tener en mente las preguntas: «¿qué seguirá?; ¿por qué el autor habrá escrito esto así o asá?; ¿cómo lo habría dicho yo?». Y cuando uno escribe no debe pensar en uno mismo, en si entiende lo que está escribiendo, sino que debe preguntarse si su destinatario lo entenderá. Mi director de tesis me decía: «escribe para tontitos», es decir: no supongas que tu lector es una persona especial que sabe leer tu mente, o que tiene una gran cultura, o que tiene los mismos conocimientos que tú... Ese destinatario puede ser cualquier persona, incluso un niño. Si no se nos entiende, la culpa es nuestra.

Pongámoslo de otra manera: es cuestión de respeto. Cuando yo escribo, escribo para ser leído, y debo desechar la pereza que me llevaría a pensar: «¡ya me entenderán!». ¿Por qué tiene que ser mi lector quien ponga el esfuerzo por entender lo que yo quiero decir? Si yo quiero decir algo, es a mí a quien corresponde esforzarme por ser lo más claro posible, por no presuponer nada... Una vez que se tiene esta actitud, lo demás viene solo.

Cuidado del estilo

¿Por qué escribir bien?

Cuando los profesores de español insistimos en la necesidad de escribir con corrección, no faltan alumnos que replican: «¿qué falta hace? Al fin y al cabo, nos entendemos, ¿no es cierto?».

Aparte del hecho de que la ortografía es signo o indicio de una buena preparación profesional, me parece que la razón más importante es que, cuando nos empeñamos en escribir bien, con claridad y corrección, estamos manifestando respeto para las personas que nos leen. Quien escribe con descuido está transmitiendo el mensaje: «yo me expreso como me da la gana; que el otro se esfuerce en comprenderme». Es decir, está manifestando poco o nulo respeto por sus destinatarios.

«Entonces, como quedamos»

Un amigo me envió este corto mensaje, en respuesta a uno mío anterior: «Entonces, como quedamos». Yo le había preguntado si podría llegar a su oficina ese día a las 10 a. m., y entendí que sí. Pero resultó que él quería decir: «Entonces, ¿cómo quedamos?» Por supuesto, al llegar a las 10 no encontré a nadie.

Anuente y renuente

«Anuente» y «renuente» son dos adjetivos elegantes que debemos usar con cuidado. El primero significa simplemente «que consiente». Así, puedo decir que «Fulano de Tal está anuente a firmar el contrato»; pero si digo que el señor Fulano está renuente a firmar el contrato, no quiero decir precisamente que no consiente en hacerlo, sino que tiene dudas, que está remiso. Este es el significado de «renuente»:

1. adj. Indócil, remiso.

2. adj. Dificultoso, trabajoso.

Es curioso que el DRAE no incluya entre las acepciones de «renuente» el negarse a algo, pues según la etimología que el mismo DRAE registra, «renuente» procede del lat. *ren ens, -entis*, part. act. de *renu re*, hacer con la cabeza un signo negativo.

«Hacer con la cabeza un signo negativo» equivale, según lo veo yo, a *no consentir...* Pero en estas cosas del idioma los señores de la Academia son los que fijan la norma.

Como para...
En Guatemala, una conocida pizzería ha sacado un anuncio (una valla) en el que se lee: «Demasiada carne para mostrar al público». A mí no me sonó del todo bien. Tal vez quisieron poner «Demasiada carne *como* para mostrar al público». Compare esa expresión con estas otras: «Tengo muy poca ropa como para salir a la calle»; «tiene suficiente dinero como para comprar un edificio».

El o los
Algunas personas dicen «el o los» para señalar la posibilidad de que sea solo una cosa o persona, o varias, a las que se refieren. Por ejemplo: «el o los clientes». En mi opinión, queda más elegante decir: «el cliente o los clientes».

Favor de
Dice el *Diccionario Panhispánico de Dudas:*

favor de. En amplias zonas de América se emplea la expresión *favor de* seguida de infinitivo para hacer una petición cortés: «Favor de no tirar sobre el pianista» (Melo *Notas* [Méx. 1990]).

Esta expresión no es sino una fórmula abreviada de oraciones exhortativas con el verbo *hacer*, como *haga(n) el favor de*.

No se afirma que la expresión «favor de» sea incorrecta, pero yo me inclino por el uso del estilo directo. Así, por ejemplo, en expresiones como «favor de no sentarse en la mesa», podríamos decir «Por favor, no se siente en la mesa». Esto es más evidente cuando estamos haciendo una lista. En las instrucciones para un examen, por ejemplo, un profesor escribió: «1) escriba con letra de molde; 2) cuide la ortografía; 3) favor de no copiar». En el número tres sería mejor conservar el estilo de los anteriores, y poner: «no copie, por favor», o «por favor, no copie».

Guarismos
No encuentro la referencia en este momento, pero no creo equivocarme al sugerir que cuando se escriban números entre el uno y el diez, se haga con letras, y no con guarismos. No es elegante, por ejemplo, escribir «eran 2 hombres», o «me regaló 1 lapicero». Incluso, si podemos poner «veinte», «treinta», «cuarenta», etc., con letras, queda mejor.

Pero sin embargo
Usar dos conjunciones adversativas seguidas, como «pero sin embargo» es redundante y debe evitarse.

Rol
Se puede decir «rol» para referirse a la «función que alguien o algo cumple», pero la Academia prefiere «papel». Ejemplo: «el ministro de comunicaciones está desempeñando el papel de contratista».

Sencillez
Al buscar opciones para viajar en Taca, mientras uno espera, ponen el siguiente texto: «Nos encontramos buscando las mejores tarifas

para su vuelo». ¿Por qué «nos encontramos buscando»? ¿Por qué no sencillamente «buscamos las mejores tarifas para su vuelo»?

Sobre el cuidado del estilo en los correos electrónicos

Un miembro del grupo me pidió hace algunos días mi opinión sobre la manera correcta de escribir el encabezado de un correo electrónico. Le respondo a continuación, y aprovecho para discutir otros aspectos.

Un correo electrónico es una forma especial de comunicación. Que yo sepa, hasta ahora no se han dado reglas específicas sobre su redacción correcta, pero el uso y el tiempo van dictando unas normas mínimas.

1. El encabezado. Cuando escribíamos cartas, lo primero que poníamos era el lugar y la fecha. Ahora, la fecha la pone automáticamente el programa que estemos utilizando.

Si queremos podemos añadir, después de nuestro nombre, el lugar y la fecha en la que escribimos el correo. Así lo hacían los romanos (de ahí viene «p. d.», o *post data*: lo que se pone después de la fecha).

Parte del encabezado es el destinatario. Obviamente, no vamos a poner la dirección física, pues estamos enviando nuestro mensaje a una casilla de correo electrónico.

Después del destinatario va el saludo. Si se trata de una comunicación formal, lo mejor es emplear el título y el apellido de la persona a la que nos dirigimos: «Estimado Lic. Rubio:»; si es un amigo, bastará con el nombre: «Estimado Jorge:». Observen que a continuación del nombre he puesto dos puntos, y no coma, como algunos acostumbran ahora, por influjo del inglés.

2. El cuerpo. Es el mensaje, lo que queremos decir. Algunos ponen «Buenos días» o «Buenas tardes». Evidentemente es incorrecto, porque no sabemos a qué hora nuestro destinatario irá a leer el mensaje. Basta con ir al grano: «El 2 de septiembre te pregunté si...», «Me gustaría saber cuándo estará lista la revisión de...», etc.

3. La despedida. Como siempre, nos despediremos con una frase como «Atentamente», «Cordial saludo» (o «Saludos cordiales»). Si necesitamos una respuesta, podemos poner: «Quedo atento a su respuesta».

4. Post datas. No tiene sentido ponerlas; antes se hacía porque no se podía modificar lo ya escrito. Si se trata de una brevísima respuesta y vamos a omitir el saludo, tampoco hará falta poner una despedida ni nuestro nombre.

Permítanme añadir algo que escribí anteriormente sobre la importancia de esforzarnos en escribir bien (aunque se trate de un correo electrónico):

Visualizar

En Guatemala se abusa del verbo «visualizar», como se aprecia en este ejemplo, tomado de la revista *Crónica*:

Más apropiadamente, podría haberse dicho: «TSE prevé conflictos en elecciones de 2015». No hace falta encerrar entre comillas la frase «conflictos en elecciones 2015», aunque se haga con la clara intención de citar las palabras precisas de un funcionario.

Curiosidades

¿Un papa abdica, dimite o renuncia?
Por Rosa Mendoza de Hernández

Con motivo de los últimos acontecimientos en el Vaticano, han aparecido en los medios noticias como las siguientes que indican que hay una vacilación en cuanto al verbo a utilizar para referirse a la decisión del papa Benedicto XVI:

> El médico del Papa le aconsejó al pontífice que ya no hiciera más viajes transatlánticos, dijo Georg Ratzinger, el hermano del pontífice, quien agregó que Benedicto XVI llevaba meses estudiando la idea de abdicar (*elPeriódico* 11/02/2013).

> El Papa Benedicto XVI dimitirá el 28 de febrero. A sus 85 años y tras 8 años de pontificado, Joseph Ratzinger deja la jefatura de la Iglesia Católica (eldiario.es/sociedad/Papa-Benedicto-XVI-anuncia-dimision_13_100219978.html).

Al respecto, la Fundéu aclara que un papa no abdica ni dimite de su ministerio, solo renuncia a él. Esto según el Código de Derecho Canónico. De manera que lo correcto sería decir:

> El papa Benedicto XVI renunciará del 28 de febrero.

> El papa Benedicto XVI llevaba meses estudiando la idea de renunciar.

Además, es conveniente recordar que papa se escribe con minúscula inicial. Esto de acuerdo a la *Ortografía de la lengua española* (pág. 470), que indica que los sustantivos que designan títulos nobiliarios, dignidades y cargos o empleos (ya sean civiles, militares religiosos, públicos o privados) deben escribirse con minúscula inicial.

Fuentes:

http://www.fundeu.es/recomendacion/el-papa-renuncia-no-dimite-ni-abdica, Asociación de Academias de la Lengua Española. *Ortografía de la lengua española*, 2010.

«Pollos recién hechos»

En la carretera a El Salvador vi un anuncio en el que se leía: «hamburguesas de pollo verdadero, recién hecho». Supongo que lo que quisieron decir fue que venden hamburguesas de pollo, frescas, pues los pollos no se pueden hacer al instante. Por otra parte, ya me da desconfianza comer hamburguesas de pollo. ¿Será que han encontrado un sucedáneo para el pollo?

«Si maneja, no beba»

Quienes transitamos por las principales vías de la ciudad de Guatemala hemos leído con frecuencia esta recomendación de la Municipalidad: «Si bebe, no maneje». Al leerlo, siempre me pregunto: ¿no será mejor —más sano— poner «si maneja, no beba»?

Apocalipsis

El 6 de agosto pasado, sexagésimo sexto aniversario de la bomba de Hiroshima, veía un programa sobre la Segunda Guerra Mundial que se llamaba «Apocalipsis: la Segunda Guerra Mundial». Tengo dos observaciones sobre el nombre de este programa. La primera se refiere al sustantivo «apocalipsis», y la segunda, al uso de las mayúsculas para referirse al conflicto bélico.

Muchas personas identifican «apocalipsis» con la destrucción total que vendrá al final de los tiempos; pero si nos atenemos al significado de la palabra, que es totalmente griega, *apocalipsis* significa «revelaciones». De ahí que el nombre del libro en que el apóstol san Juan escribió las revelaciones que tuvo sobre el fin de los tiempos se llame el *Apocalipsis*. Todos sabemos que allí se describen acontecimientos aterradores, y por eso no nos extraña la asociación de «apocalipsis» con terror y destrucción. Pero conviene saber que su significado exacto de «apocalipsis» es «revelaciones». Por eso los angloparlantes llaman al último libro de la Biblia *the Book of Revelations*.

Sobre el uso de las mayúsculas en «Segunda Guerra Mundial», la nueva *Ortografía de la lengua española* dice lo siguiente en la sección 4.3.4.10.5: «En el caso de los dos conflictos mundiales, el uso ha fijado como nombre propio singularizador las expresiones *Primera Guerra Mundial* y *Segunda Guerra Mundial*, con inicial mayúscula en todos sus componentes; el ordinal presente en estos nombres puede escribirse con números romanos: *I Guerra Mundial, II Guerra Mundial*».

Contribución voluntaria

Recientemente llevé a un amigo salvadoreño a visitar un museo en un pueblo cercano a la Antigua Guatemala. A mi amigo le llamó la atención lo que nos advirtieron al entrar: «pueden pasar, pero tienen que dejar una contribución voluntaria». ¿Por qué no decir «pedimos una contribución para el mantenimiento»?

De 0 a 7 años

Leí al pasar frente a un colegio que allí se admiten niños «de 0 a 7 años», y pensaba: ¿se pueden tener cero años?; ¿por qué no decir, simplemente, «menores de siete años»? O, vaya, si quieren ser más específicos, de tantos meses a siete años»... Aunque no creo que sea cierto que admitan niños de meses. En fin, me parece que esta es otra nefasta influencia de la cultura positivista sobre el buen sentido.

Delete

«Delete» es el nombre que tiene la tecla con la que borramos caracteres en nuestra computadora. Muchos de nosotros la pronunciamos como en inglés: dlt-. Pero ¿sabía que se puede pronunciar tal cual se lee (es decir: de-le-te)? En efecto, la raíz de esta palabra es el verbo latino *deleo, deles, delere*, que significa «borrar, eliminar, destruir». De ahí viene la palabra «deletéreo», por ejemplo.

Desgañitarse

Esta palabra, «desgañitarse», no se usa mucho en Guatemala. Cuando era niño oía «desgallitarse», y yo la asociaba a «romperse el galillo». Por cierto, «galillo» es un término perfectamente castizo: es la campanilla del velo del paladar.

Pero no es «desgallitarse» ni «desgalitarse», sino «desgañitarse» (originado en la voz latina *gannire* (gañir)), que significa:

1. intr. Dicho de un perro: Aullar con gritos agudos y repetidos cuando lo maltratan.

2. intr. Dicho de otro animal: Quejarse con voz semejante al gañido del perro.

3. intr. Dicho de un ave: **graznar.**

4. intr. coloq. Dicho de una persona: Resollar o respirar con ruido. U. m. con neg.

«Desgañitarse», por lo tanto, es «esforzarse violentamente gritando o voceando».

Deshumano

El sustantivo «deshumano» está registrado en el DRAE, pero este sugiere que se emplee «inhumano». Como curiosidad, existe el verbo «deshumanizar», pero no «inhumanizar».

61

Empobrecimiento léxico

«Cada vez mueren más palabras y nacen menos, por lo que el léxico se está empobreciendo». A esta triste conclusión han llegado los profesores Alexander Petersen, Joel Tenenbaum, Shlomo Havlin y Eugene Stanley en el estudio «Statistical Laws Governing Fluctuations in Word Use from Word Birth to Word Death», publicado por la revista *Science*. Informa el diario *El País* que «el estudio aprovecha la digitalización de libros de Google —un 4% de los textos existentes en el mundo—para estudiar el nacimiento, uso y muerte de las palabras», y que «analiza textos en inglés, hebreo y español publicados entre 1800 y 2008, tanto en cantidad como en su permanencia en el tiempo, gracias al contador de palabras de Google».

Quise hacer una prueba con el contador de palabras de Google, para ver la historia de las palabras «hexágono» y «exágono». Aunque la Academia prefiere que hexágono se escriba con hache, en el pasado la forma sin hache no era considerada incorrecta. Esto se ve claramente en la gráfica que proporciona la herramienta «Ngram Viewer», de Google:

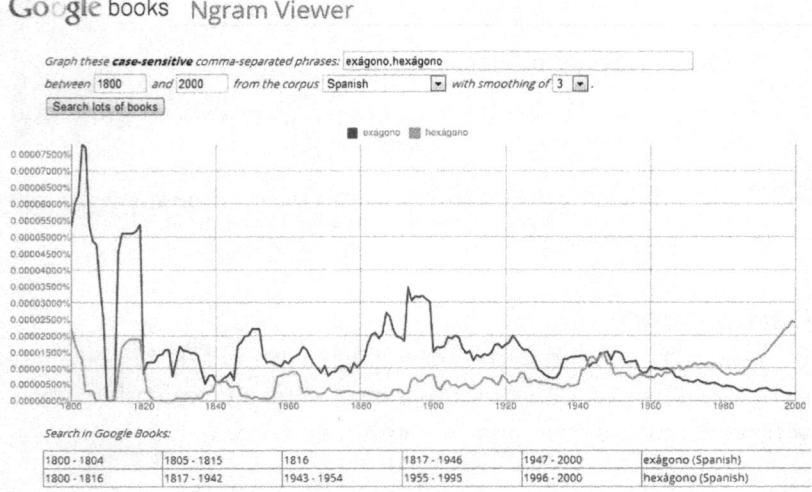

Glamuroso

Curioso: «glamuroso» está aceptado como palabra normal del español (se trata de un neologismo), pero no existe «glamur», que sería el neologismo que corresponde al original *glamour*. De manera que cuando escriba, si usa el sustantivo «glamour», utilice comillas, pero si escribe «glamuroso» no es necesario emplearlas. Por cierto, se dice y se escribe «glamuroso», no «glamoroso».

Historiografía

Historiografía es el «arte de escribir la historia», o bien, el «estudio bibliográfico y crítico de los escritos sobre historia y sus fuentes (…)». No debe confundirse con la historia, que es la «narración y exposición de los acontecimientos pasados y dignos de memoria, sean públicos o privados» (DRAE). Pueden escribirse muchas obras de historia de Guatemala, por ejemplo, y un historiógrafo se dedicaría al estudio crítico de esas obras. Es interesante, sin embargo, que el DRAE también defina «historiógrafo» como la «persona que cultiva la historia o la historiografía». En mi opinión, la persona que cultiva la historia (que narra los acontecimientos pasados) es un historiador, mientras que un historiógrafo es aquella que estudia críticamente —es decir, de forma científica— las obras de historia.

La mar está en fortuna

En el disco *A Jewish Odyssey*, de *Putumayo World Music*, hay una melodía que me llama mucho la atención. Se llama «Ija mia mi kerida», y la letra está en español ladino o sefardita. Pues bien: me llamaba la atención el tercer verso del estribillo, que dice: «que la mar está en fortuna». Creía que no estaba oyendo bien, y la busqué en Internet. Pues sí: dice «fortuna». He aquí la letra:

> hija mia, mi querida
>
> aman aman aman

no te eches a la mar
que la mar
esta en fortuna
mira que va llevar (bis)
que me lleve y que traiga
aman aman aman
siete funtas de hondor
que mengluta
pexe preto
para salvar el amor (bis)
hija mia, mi querida
aman aman aman
no te eches a la mar
que la mar
esta en fortuna
mira que va llevar (bis)
que me lleve y que traiga
aman aman aman
siete funtas de hondor
que mengluta
pexe preto
para salvar el amor (bis)

El siguiente paso, obviamente, fue buscar en el diccionario las acepciones de «fortuna». Para mi contento y tranquilidad, una de ellas es «borrasca» (en el mar o en la tierra).

Del disco *A Jewish Odyssey* traduzco la siguiente nota:

> «Ija mia kerida» es una canción clásica sefardita que se puede escuchar en comunidades judías en todo el próximo Oriente y el sur de Europa. La letra está en ladino.

Y comparto con ustedes la música: (en http://almogavar.multiply.com/video/item/188 pueden ver al grupo Mediterránea interpretando la canción).

Las pascuas

¿Por qué en Navidad deseamos «felices Pascuas»? La palabra «pascua» tiene una larga etimología. El DRAE la resume así:

> Del lat. vulg. *pascŭa*, este del lat. *pascha*, este del gr. πάσχα, y este del hebr. *pesah*, infl. por el lat. *pascuum*, lugar de pastos, por alus. a la terminación del ayuno.

«Pascua» viene, entonces, del latín *pascuum*, lugar de pastos, y se llama así a esta época —así como a la semana que comienza con la fiesta de Resurrección— porque termina el ayuno. Recordemos que los tiempos de Cuaresma y de Adviento son tiempos de penitencia, de ayuno. Incluso el 24. Este ayuno termina con las fiestas de Navidad y de Resurrección.

Lastimero y lastimoso

Los adjetivos «lastimero» y «lastimoso» son muy semejantes. El primero significa:

1. adj. Digno de compasión.

2. adj. Que hiere o hace daño,

mientras que el segundo significa solamente

1. adj. Que mueve a compasión y lástima.

Resulta un poco extraño que a una persona que hiere y hace daño la podamos calificar de «lastimera», pero supongo que la raíz del adjetivo, en este caso, es «lastima» (de «lastimar») y no «lástima».

León
El apellido León (o De León) es el patronímico de los habitantes de la provincia de León, en España. Esa provincia tomó su nombre no por el felino, sino porque allí estaba acuartelada una legión romana. De manera de León viene de *legio, legionis*, no de *leo, leonis*.

Los avatares del idioma
No quiero decir que el idioma tenga sus muñequitos como los de la película que se estrena el 18 de diciembre. Me refiero a los cambios o vicisitudes que experimenta nuestro idioma en esta era del entretenimiento. Tal vez a mis lectores mayores les haya extrañado que la mencionada película de James Cameron se llamara así, Ávatar (con acento en la primera A, por venir del inglés), pues no veían qué tienen que ver unos seres azules con cara de felino con el sustantivo «avatar» (esta vez, con acento agudo), que significa «fase, cambio o vicisitud».

En realidad, sí hay conexión. La palabra «avatar», nos dice el diccionario, procede del francés *avatar*, y este del sánscr. *avatâra*, descenso o encarnación de un dios. En la religión hindú, significa la encarnación terrestre de alguna deidad, en especial Visnú. De ahí que también signifique una reencarnación o transformación.

Yo no he visto la película, y no sé si esos muñecos azules serán reencarnaciones de dioses hindúes o lo que sea, pero creo que conviene saber que «avatares», en español, son vicisitudes, es decir inconstancias o alternativas de sucesos prósperos y adversos (DRAE), como los que pasa nuestro idioma en estos tiempos.

Magullar

En algunas partes de Guatemala y México se dice «mallugar» por «magullar», como en la expresión «si no compra, no mallugue». La forma correcta es «magullar».

No seamos ladinos

¿Por qué a algunos guatemaltecos se les llama «ladinos»? Si buscamos en el diccionario, «ladino» significa en primer lugar «astuto, sagaz, taimado». Es cierto que el DRAE dice que en Centroamérica también significa mestizo, y así lo entendemos en Guatemala. Pero ¿qué tiene que ver ser un mestizo con ser sagaz, astuto y taimado (bellaco, disimulado)?

Parece ser que en tiempos de las provincias (que no de la colonia) los españoles empezaron a llamar «ladinos» a los indígenas que intentaban asimilar los modos y estilo de vida de los conquistadores. También cayeron en ese grupo los mestizos, que al vivir entre dos mundos mostraban esa ambigüedad cultural que a los peninsulares les parecía falta de sinceridad. El mestizo que busca incorporarse a la casta dominante disimula su origen.

De manera que antes de decir que usted es ladino piénselo dos veces.

Onomástico

Leí en *Prensa Libre* que ese día era el onomástico de un artista de cine. Se referían, seguramente, a su cumpleaños, no a su onomástico.

Onomástico es el día en que una persona celebra su santo. No es lo mismo, por lo tanto, que cumpleaños. Tal vez esto de «celebrar su santo» no se entienda en esta sociedad secularizada como la nuestra. Antiguamente, se acostumbraba poner el nombre de un santo a las personas, ya fuera como primer o segundo nombre, para encomendarla a su intercesión y cuidado. Esa persona, entonces, podía decidir celebrar a su santo (el día de su fiesta) o celebrar su cumpleaños, o ambos. De esta forma, si me llamo Alberto, celebraría mi santo el 15 de noviembre (*dies natalis* de san Alberto Magno), y mi cumpleaños, la fecha en la que nací.

Para reír un poco

Me llegó esta lista de «avisos parroquiales». Están muy divertidos:

- *Para los que tienen hijos y no lo saben, tenemos en la parroquia una zona arreglada para niños.*

- *El próximo jueves, a las cinco de la tarde, se reunirá el grupo de las mamás. Cuantas señoras deseen entrar a formar parte de las mamás, por favor, se dirijan al párroco en su despacho.*

- *El grupo de recuperación de la confianza en sí mismos se reúne el jueves por la tarde, a las ocho. Por favor, para entrar usen la puerta trasera.*

- *El viernes, a las siete, los niños del Oratorio representarán la obra "Hamlet" de Shakespeare, en el salón de la iglesia. Se invita a toda la comunidad a tomar parte en esta tragedia.*

- *Estimadas señoras, ¡no se olviden de la venta de beneficencia! Es una buena ocasión para liberarse de aquellas cosas inútiles que estorban en casa. Traigan a sus maridos.*

- *Tema de la catequesis de hoy: "Jesús camina sobre las aguas". Catequesis de mañana: "En búsqueda de Jesús".*

- *El coro de los mayores de sesenta años se suspenderá durante todo el verano, con agradecimiento por parte de toda la parroquia.*

- *Recuerden en la oración a todos aquellos que están cansados y desesperados de nuestra parroquia.*

- *El torneo de basquet de las parroquias continúa con el partido del próximo miércoles por la tarde. ¡Acompáñenos a derrotar a Cristo Rey!*

- *El precio para participar en el cursillo sobre "oración y ayuno" incluye también las comidas.*

- *Por favor, pongan sus limosnas en el sobre, junto con los difuntos que deseen que recordemos.*

- *El párroco encenderá su vela en la del altar. El diácono encenderá la suya en la del párroco, y luego encenderá uno por uno a todos los fieles de la primera fila.*

- *El próximo martes por la noche habrá cena a base de guiso de frijoles en el salón parroquial. A continuación, tendrá lugar un concierto.*

- *Recuerden que el jueves empieza la catequesis para niños y niñas de ambos sexos.*

- *El mes de noviembre terminará con un responso cantado por todos los difuntos de la parroquia.*

Pobres troyanos

«País es vulnerable a virus troyanos», informa la prensa de hoy. Me llama la atención que se haya difundido ese nombre de «troyano» para designar a un virus que entra subrepticiamente en las computadoras, como el famoso caballo de Troya. Digo que me llama la atención porque, aparte de ser un neologismo, los pobres troyanos quedan como los malos de la película. Recordemos la *Ilíada*: fueron los griegos los que introdujeron el caballo a Troya. Por eso dice la *Eneida*: «temo a los griegos que traen regalos» (*timeo danaos et dona ferentes*).

Sub

Cuando se une a una palabra que empieza por /b/, se conservan ambas consonantes, con excepción de subranquial y subrigadier. Ejemplos: subboreal, subbase (*Fundación del español urgente*).

Verbos terminado en -er y en -ir

En la escuela primaria aprendimos que los verbos en español se clasifican según su desinencia o terminación. Así, tenemos los verbos terminados en -ar (como «andar» y «estudiar»), en -er (como «beber» y «romper»), y los verbos en -ir (como «vivir» y «sonreír»). Lo curioso es que los verbos que se van incorporando al español no pueden terminar en -er ni en -ir; tienen que terminar en -ar. Por ejemplo, del sustantivo *chat* derivamos el verbo «chatear» (no «chater» o «chatir»). Esto significa que las series de verbos de la segunda y tercera desinencias están cerradas, no admiten nuevos miembros. ¿Por qué? Cosas del genio del idioma…

Deportes

Madrilista

Algunos comentaristas deportivos se refieren al Real Madrid como «el equipo madrilista», y a los seguidores de ese equipo como «madrilistas». Aunque el adjetivo «madrilista» no está registrado en el DRAE (sí está «madrileño»), sabemos que el sufijo –ista se utiliza en adjetivos que habitualmente se sustantivan, y suelen significar «partidario de» o «inclinado a» lo que expresa la misma raíz con el sufijo –ismo. Comunista, europeísta, optimista.

De acuerdo con esto, me parece correcto que de un aficionado se diga que es madrilista, pero no veo correcto que se diga «el equipo madrilista», pues el Real Madrid no puede ser aficionado de sí mismo.

Dificultades

¿«Se vende tortillas» o «se venden tortillas»?

«Se vende tortillas» es una **oración impersonal**; se llama impersonal porque carece de sujeto gramatical. En las oraciones impersonales el verbo siempre va en tercera persona del singular (en este caso, «vende»). Algo importante en este tipo de oraciones es que se usan «con verbos intransitivos (*Se trabaja mejor en equipo*), con verbos copulativos (*Se es más feliz sin responsabilidades*), con verbos transitivos que llevan complemento directo **de persona precedido de la preposición** *a* (*Entre los gitanos se respeta mucho a los ancianos*) e incluso con verbos en voz pasiva (*Cuando se es juzgado injustamente, es necesario defenderse*)» (*Diccionario Panhispánico de Dudas*; negrita añadida).

«Se venden tortillas» es una oración de voz **pasiva refleja**. En este tipo de oraciones, «la forma *se* precede a un verbo en forma activa en tercera persona (singular o plural)» (*Diccionario Panhispánico de Dudas*). ¿Cómo sabemos si el verbo va en singular (vende) o en plural (venden)? Según si el elemento nominal que funciona como sujeto gramatical es singular o plural. En este caso, el elemento nominal es «tortillas» (plural). «Este elemento nominal suele denotar cosas o acciones, o personas indeterminadas: *Se hacen fotocopias; Se supone que ibas a venir; Se necesitan secretarias bilingües*» (*Ídem*).

En conclusión, en el ejemplo que sirve de título a esta entrada debe usarse la forma pasiva refleja, puesto que el verbo «vender» es transitivo. Y como la regla dice que el verbo va en singular o en plural según sea el número del elemento nominal que funciona como sujeto gramatical («tortillas»), el verbo va en plural: «Se venden tortillas».

¿Lo de siempre o lo que siempre?

En Guatemala y en la mayor parte de países americanos decimos «lo de siempre» (por ejemplo, en frases como «¿Lo de siempre, señor?»). Me pregunto si no mejor decir «lo que siempre» («¿Lo que siempre (ha pedido), señor?»). El *Diccionario Panhispánico de Dudas*, lamentablemente, no trata este caso.

¿Ofrecer o pedir disculpas?

Se puede decir: «ofrezco disculpas» o «pido disculpas»; ambas formas son aceptables. Esta es la conclusión que podemos sacar de la aclaración que hace un representante de la Academia, a la pregunta planteada por uno de los miembros del foro Wordreference.com:

> Algunos puristas han censurado el uso de la fórmula pedir disculpas cuando una persona desea pedir perdón por haber cometido una falta, señalando que lo correcto sería decir ofrecer o presentar disculpas. El siguiente texto, puesto en boca de un personaje en la novela *Octubre, octubre*, de José Luis Sampedro, ilustra muy gráficamente esta censura: «Le ruego acepte mis disculpas. Ahora se usa 'pedir disculpas' en vez de presentarlas; ¡estamos destrozando la lengua de nuestros mayores!». No obstante, no hay razones para tal censura.

Para dilucidar correctamente esta cuestión, hay que tener en cuenta, por una parte, el significado del término disculpa y, por otra, las distintas acepciones del verbo disculpar.

La última edición del DRAE (2001) ofrece una única acepción para el sustantivo disculpa: «Razón que se da o causa que se alega para excusar o purgar una culpa». Nada hay en esta definición que obligue a considerar que solo el ofensor es quien debe ofrecer al ofendido razones o causas que excusen o justifiquen su comportamiento ofensivo. Podría ser una tercera persona, por ejemplo, la que alegara motivos o razones para justificar o excusar a otro, como ocurre en este ejemplo: Por su carácter bondadoso reacciona buscando siempre una disculpa si se trata de personas responsables.

Por otra parte, hay que tener en cuenta que la voz «disculpa» puede interpretarse también como nombre de acción, es decir, como sustantivo que denota la acción designada por el verbo disculpar. El verbo disculpar tiene registradas en el DRAE (2001) las siguientes acepciones:

1. Transitiva: Dar razones o pruebas que descarguen de una culpa o delito. El complemento directo puede ser tanto la falta cometida (El director del festival disculpó la inasistencia del premiado alegando motivos de salud) como la persona que la ha cometido, caso en que la falta se expresa mediante un complemento normalmente precedido de la preposición por (El director del festival disculpó al premiado por su inasistencia, alegando motivos de salud). En esta acepción el verbo se construye muy frecuentemente con complemento directo reflexivo: En cuanto llegó, se disculpó por su retraso, motivado, según dijo, por problemas de tráfico. Aquí, el verbo disculpar sería sinónimo de justificar.

2. Transitiva: No tomar en cuenta o perdonar las faltas y omisiones que otro comete. En este caso, se usa frecuentemente en oraciones imperativas y el complemento directo puede ser, igualmente, tanto la falta como la persona que la comete: Disculpen que me vaya, pero tengo una reunión urgente. Discúlpenme, pero tengo que marcharme. Aquí, el verbo disculpar sería sinónimo de perdonar.

3. Pronominal: Pedir indulgencia por lo que ha causado o puede causar daño. Ejemplo: Se disculpó por su grosería del día anterior. Aquí, el verbo disculpar sería sinónimo de pedir perdón.

Teniendo en cuenta estas consideraciones, han de admitirse como válidas las fórmulas ofrecer (o presentar, dar u otros verbos similares) disculpas y pedir disculpas, siendo el sujeto de ambas acciones el que ha cometido una ofensa:

–El que ofrece disculpas desea que le sea aceptado el hecho de disculparse (acepciones 1 y 3).

–El que pide disculpas solicita que otro no le tome en cuenta o le perdone una falta u omisión cometida (acepción 2).

Por ello, la locución pedir disculpas viene a ser sinónima, toda ella, de disculparse o pedir indulgencia, y así se recoge ya en la última edición del DRAE, s. v. disculpa.

Fuente:
http://forum.wordreference.com/showthread.php?t=553143, consultada el 11 de febrero de 2013.

«De balde» y «en balde»

Hay que distinguir entre *en balde*, que significa «en vano», y *de balde*, cuyo significado es «gratis».

«Hasta mañana»

Juan Pablo Pira me pregunta:

> La palabrita «hasta» ocasiona muchos problemas. Si digo «Nos vemos hasta mañana». ¿Está bien para despedirse de las personas de la oficina o para proponerle a alguien ir a una fiesta que termine como a las 7:00 am del siguiente día?

En Guatemala (y en otros países de América) usamos esa preposición con un sentido completamente inverso al normativo, al menos en relación con el tiempo.

El *Diccionario Panhispánico de Dudas* dice al respecto de «hasta»:

> Preposición que se usa para expresar el término límite en relación con el tiempo, el espacio o la cantidad: No lo tendré listo hasta el viernes; Corrió hasta la casa; Contaré hasta veinte; Vino hasta mí y me besó.

En los ejemplos anteriores, el que a nosotros nos parece extraño es el primero. En Guatemala diríamos «Lo tendré listo hasta el viernes». Lo mismo pasa con «Nos vemos hasta mañana». Por eso agrega el DPD:

> En algunas zonas de América, especialmente en México, en la zona costera del Ecuador, en América Central y en Colombia, se produce un fenómeno inverso, esto es, la supresión de la negación no delante del verbo en oraciones con hasta, con lo que el enunciado puede interpretarse en sentidos diametralmente opuestos. Así, en estas zonas, una oración como «Se abre hasta las tres» puede significar que se cierra a las tres (sentido que tendría en el español general) o justamente lo contrario, que se abre a partir de las tres.

Para evitar esas confusiones, la Academia recomienda «acomodar el uso de hasta en estas zonas al del español general y colocar la negación correspondiente delante del verbo: No se abre hasta las tres, o bien dejar el verbo en forma afirmativa y sustituir la preposición hasta por a: «Se abre a las tres».

En mi opinión, no vamos a poder alterar ese «fenómeno» (como lo llama el DPD). Lo único que se me ocurre es que tengamos cuidado a la hora de escribir; en el habla normal nos entendemos entre guatemaltecos, pero si queremos escribir (y hablar) correctamente, haremos bien en atenernos a la norma. Lo mejor sería, como dice la última parte de la recomendación, sustituir hasta por a, o simplemente eliminar el «hasta».

Agudizar y aguzar

Agudizar no es lo mismo que aguzar. Se *agudizan* las enfermedades, pero se *aguza* la vista, el oído, el ingenio, etc., aunque hablando de los sentidos también puede aceptarse el verbo agudizar. (Fuente: *Manual del español urgente*).

Ahí y allí

Como en nuestros países no se pronuncia la /ll/, la distinción entre estos dos adverbios se ha difuminado. En España sí se distingue. Ahí es «en ese lugar» y allí, «en aquel lugar». Nosotros hemos sustituido «allí» por «allá».

Alternativas

¿Es correcto decir «alternativas»? El sentido común y nuestro conocimiento de la lengua nos dice que alternativa es elegir entre dos opciones; por lo tanto, no tendría sentido decir que vamos a elegir entre varias alternativas. Diríamos, simplemente, que vamos a elegir entre varias opciones. Y cuando tenemos solo dos opciones, diríamos que solo tenemos una alternativa: elegir una cosa u otra. Pero ¿qué pasa cuando decimos que «no tenemos más alternativa»? ¿A qué nos estamos refiriendo? Parece que en este caso lo que queremos indicar es que no tenemos más que una opción; deberíamos decir, por lo tanto, «no tenemos otra opción». Sin embargo, la expresión «no tenemos más alternativa» no parece incorrecta; al menos, no del todo. ¿Qué es lo que dice el Diccionario? A decir verdad, no nos saca del apuro, pues este define alternativa como:

1. Opción entre dos o más cosas;

2. cada una de las cosas entre las cuales se opta.

¿Significa esto que cada opción es una alternativa? Según la acepción segunda, sí. De manera que podría decirse «tengo dos alternativas», o «no tengo otra alternativa», entendiéndose por este segundo caso que no tengo más cosas entre las cuales optar. Como se ve, el asunto es complicado.

Asimismo y así mismo

Dice el *Diccionario Panhispánico de Dudas* que «hoy es mayoritaria y preferible la grafía simple *asimismo,* aunque también se admite la grafía en dos palabras *así mismo:* "*Le informó así mismo de cuál había sido la causa de la derrota*" (Velasco *Regina* [Méx. 1987])». La forma simple se escribe sin tilde, por lo que no es correcta la grafía *asímismo*.

Bianual y bienal

Bianual es algo que ocurre dos veces al año; es lo mismo que semestral. Lo que ocurre una vez cada dos años se llama bienal: Así lo pone el Diccionario:

bienal.

(Del lat. biennālis).

    1. adj. Que sucede o se repite cada bienio. Un congreso bienal.

    2. adj. Que dura un bienio.

bianual.

(De bi- y anual).

    1. adj. Que ocurre dos veces al año.

Billones

El billón (*billion*) en el mundo anglosajón es mil millones (1,000,000,000), mientras que en español un billón es un millón de millones (1,000,000,000,000). Para el billón inglés también podemos usar millardo.

Bimensual

Bimensual es algo que se hace u ocurre dos veces al mes, no cada dos meses.

Bimestral, bimensual y otras dificultades por el estilo

Existe mucha confusión sobre la distinción entre lo que se hace cada dos meses (es decir, cada bimestre: bimestral) y lo que se hace dos veces al mes (es decir, bimensualmente o —más fácil— quincenalmente).

Un procedimiento sencillo para recordar la diferencia es este: piense primero en «semestre»: un período de seis meses. Lo que se hace semestralmente se hace cada semestre, es decir, cada seis meses. Luego, tenemos el cuatrimestre: período de cuatro meses; el trimestre, el bimestre... Distinto es lo que se hace semanalmente, mensualmente, bimensualmente, trimensualmente... ¿Se ve la diferencia?

Según esto, semestral y bianual son equivalentes, así como bimensual y quincenal. Si yo hago algo cada dos semanas, no deberé decir que lo hago bisemanalmente, sino quincenalmente. Bisemanalmente sería dos veces en la semana.

A propósito de esto: no está bien referirse a los exámenes bimestrales de los colegios como exámenes bimensuales. Son exámenes que se hacen cada bimestre, cada dos meses.

Completitud

La Academia prefiere «completitud» sobre «completud». (Compare con «beatitud», que viene de «beato»: decimos «beatitud», no *beatud.)

Conferenciante

En Guatemala, y en otros países de América, decimos «conferencista», para referirnos a la persona que diserta en público sobre algún punto doctrinal; es decir, a un «conferenciante». El DRAE admite la forma «conferencista», pero haciendo la aclaración de que se trata de un americanismo.

Esto de «americanismo» es una manera de referirse a las palabras que se usan en América que no se consideran del todo puras o correctas, y que se ponen, por decirlo así, en observación, para ver si perduran y se les concede carta de ciudadanía plena.

En cuanto a nuestros términos, no veo por qué uno pueda considerarse mejor formado que el otro. Ambos sufijos (-ista y -ante) se usan para designar agente, oficio o profesión: practicar > practicante; comedia > comediante; taxi >*taxista*; comunismo >*comunista*; litigar > litigante, etc.

En síntesis: tan español es «conferenciante» como «conferencista».

Consciencia y conciencia

Existen las dos formas: con –sc– y con –c–, aunque el DRAE remite «consciencia» a «conciencia». Esto quiere decir que la forma preferida por la Academia es «conciencia».

No deja de llamar la atención, sin embargo, que en «consciencia» no se recoja el significado de «conocimiento interior del bien y del mal», que sí se asigna a «conciencia». Compárese:

Consciencia:

1. f. **conciencia**. [Esto significa que el diccionario prefiere «conciencia» a «consciencia».]

2. f. Conocimiento inmediato que el sujeto tiene de sí mismo, de sus actos y reflexiones.

3. f. Capacidad de los seres humanos de verse y reconocerse a sí mismos y de juzgar sobre esa visión y reconocimiento.

Conciencia:

1.f. Propiedad del espíritu humano de reconocerse en sus atributos esenciales y en todas las modificaciones que en sí mismo experimenta.

2.f. Conocimiento interior del bien y del mal.

3.f. Conocimiento reflexivo de las cosas.

4.f. Actividad mental a la que solo puede tener acceso el propio sujeto.

5.f. *Psicol.* Acto psíquico por el que un sujeto se percibe a sí mismo en el mundo.

Deber y deber de
La diferencia entre «deber» y «deber de» es esta: deber + infinitivo se usa para indicar obligación, como en «debo hacer la tarea»; deber + preposición se utiliza para señalar posibilidad, duda o conjetura: «deben de ser las ocho».

Décadas
Puede decirse «los 90», «los años 50», «los ochenta», «los años setenta», pero no debe escribirse «los 50's», por ejemplo.

En el caso del presente siglo, es mejor, creo yo, utilizar «la década de», como en «la década de los 2000», «la década del 2010».

¿"Donativo, Q50.00» o «donación, Q50.00»?
Yo prefiero «donativo», que significa «dádiva, regalo, cesión, especialmente con fines benéficos o humanitarios» (DRAE). «Donación»

es el sustantivo (femenino) derivado del verbo «donar». Hacemos una donación o un donativo; ambas formas son correctas. Pero «donativo» tiene un significado más directo que «donación», sobre todo cuando estamos hablando de una cantidad de dinero.

Eficaz, eficiente y efectivo

Estos tres adjetivos y sus correspondientes sustantivos «eficacia», «eficiencia» y «efectividad» están emparentados, y en algunos casos son sinónimos.

«Efectivo» es lo que tiene la capacidad de lograr el efecto que se desea o se espera. En este sentido, es sinónimo de «eficaz». Así, por ejemplo, se dice de un medicamento que es efectivo (o eficaz) contra el dolor de cabeza. Pero también se emplea para referirse a lo que es real o verdadero, como cuando se dice «Se ha pactado un aumento efectivo del ocho por ciento».

«Eficiencia» es la «capacidad de disponer de alguien o de algo para conseguir un efecto determinado» (DRAE). También se usa para referirse a una persona que es «competente, que rinde en su actividad» (DPD), o a una cosa que es «eficaz, capaz de lograr el efecto que se desea». Ejemplos: «Abandonó el edificio la eficiente enfermera», «¿No sería, además, un eficiente tapaboca para quien hubiera osado propagar el infundio?».

El DPD señala que «en referencia a cosas es preferible usar los adjetivos *eficaz* o *efectivo*».

El desagradable «y/o»

No está prohibido escribir «y/o» para referirnos a una disyunción inclusiva, pero es innecesario y poco elegante. En español, la disyunción «o» es inclusiva, lo que significa que podemos elegir entre una opción u otra, o ambas.

Por ejemplo: si en un vendedor me ofrece vino o cerveza, es claro que puedo comprar el vino, la cerveza, o ambos. No hace falta poner «vino y/o cerveza». Si en algún caso hay duda, podemos poner «o ambos». Por ejemplo: «puede tomar agua o vino, o ambos».

Ensimismarse

Parecería que «ensimismarse» solo se aplica a la tercera persona del singular: «él estaba ensimismado»; pero también puede usarse para la primera persona, como en «me encontraba ensimismado». Esto es así porque el participio ensimismado funciona aquí como adjetivo. El verbo que se conjuga es encontrarse (para el segundo caso), o estar (para el primer caso). Observe que ensimismado es invariante en tiempo, pero no en género y número:

yo estoy (o estaba) ensimismado/a

tú estás (o estabas) ensimismado/a

él estás (o estabas) ensimismado

ella está (o estaba) ensimismada

...

Este interesante artículo de Fernando Ávila, en el periódico *El Tiempo*, nos aclara más la cuestión:

> En algún tiempo se pensó que ensimismarse era verbo imposible de usar en primera persona, yo me ensimismé o yo estaba ensimismada, y en segunda, tú te ensimismaste o tú estabas ensimismada, debido a que ensimismar viene de en sí mismo, tercera persona, y no de en ti mismo, segunda, o en mí mismo, primera, que darían lugar a verbo inexistentes como entimismarte o enmimismarme.

83

Unamuno advirtió en 1924: «No vayamos a caer en lo de aquel pobre bobo que conjugaba "me enmimismo, te entimismas, se ensimisma…" », aunque él mismo había escrito en su diario «Esa oculta delectación de mí mismo, ese enmimismarme…». Otros escritores que han usado enmimismado, son Ortega y Gasset y Juan Ramón Jiménez, y que han usado entimismado, Salinas, Benedetti, y Semprún.

La noticia es que ensimismarse se conjuga también en primera persona, yo me ensimismo, me ensimismé, me ensimismaré, me ensimismaría, me ensimismaba, y en segunda, tú te ensimismas, te ensimismaste, te ensimismarás, te ensimismarías, te ensimismabas. También es válido el uso del participio con verbos auxiliares, yo me había ensimismado, tú estabas ensimismada, nosotros terminamos ensimismados. En consecuencia, la cita de la novela de Ortiz es correcta.

Ensimismado no es palabra derivada del griego ni del latín, sino creada por hispanohablantes en el siglo XVIII, y es voz que no existe en otros idiomas. Algún diccionario portugués registra ensimismarse como españolismo.

El significado de ensimismarse es 'abstraerse', 'recogerse', pero Cuervo dice en sus *Apuntaciones del lenguaje bogotano*, 1907, que en Bogotá se usa con el sentido de «engreírse» o «envanecerse»: «Parece haber coincidencia de dos formaciones diferentes en el verbo reciente ensimismarse, que para los españoles es "entrar en sí mismo", "recogerse", "abstraerse", y también para ellos y para nosotros "gozarse en sí mismo", "envanecerse", "engreírse"». La Academia registra este último sentido como usual en Colombia, Bolivia y Honduras.

El DRAE también registra el sustantivo ensimismamiento, para significar «recogimiento en la intimidad de uno mismo, desentendido del mundo exterior»'. Agrega que se opone a alteración.

Inconforme y disconforme
Se dice de alguien que está inconforme o disconforme cuando no está de acuerdo con los dictámenes o voluntades de otros. Un inconforme también es alguien «hostil a lo establecido en el orden político, social, moral, estético, etc.» (DRAE).

Disconformidad puede ser un sinónimo de inconformidad («oposición, desunión, desacuerdo en los dictámenes o en las voluntades»), pero también puede significar la «diferencia de unas cosas con otras en cuanto a su esencia, forma o fin» (DRAE).

Inmigrante y emigrante
Inmigrante es la persona que **inmigra**, es decir, que **llega** a otro país para establecerse en él, especialmente con idea de formar nuevas colonias o domiciliarse en las ya formadas. Emigrante es la persona que **emigra**, es decir, la que **deja o abandona** su propio país con ánimo de establecerse en otro extranjero.

Liberar y libertar
Ambos términos existen en español. Su significado es muy semejante, pero el diccionario distingue entre los dos.

Liberar (del verbo latino *liberare*) significa «hacer que algo o alguien quede libre; eximir a alguien de una obligación». Libertar, por su parte (del lat. *liberto*), significa específicamente «poner en libertad o soltar a quien está atado, preso o sujeto físicamente». De manera que liberar tiene un sentido más amplio, que puede incluir el de libertar.

Más sobre los diminutivos
En una entrada anterior, que ha dado lugar a mucha discusión, me refería a las reglas para formar los diminutivos. Decía, entonces, que «si la palabra de origen tiene ese en la última sílaba, la conserva

en la terminación –ito, -ita; si no lleva ese debe usarse –cito, -cita. En los casos en que el primitivo lleva zeta ésta se convierte en ce». En el excelente sitio Wordreference.com he encontrado una explicación desde otro punto de vista. La copio:

> Las palabras bisílabas tienen la particularidad de formar los diminutivos con -ito/ita (además de otros) y con un infijo (generalmente –c-) más –ito/ita.
>
> Así, el diminutivo de casa se forma suprimiendo la última vocal (a) y añadiendo solo el sufijo –ita: cas-ita.
>
> Otros ejemplos:
>
> Perro, perrito.
>
> Pera, perita
>
> Taza, tacita
>
> Pero otras bisílabas y, sobre todo las terminadas en n y r, toman –cito/-cita:
>
> Camión, camioncito.
>
> Carmen, Carmencita.
>
> Solar, solarcito
>
> Clase, clasecita
>
> Piedra, piedrecita
>
> Las nonosílabas, en general, también hacen el diminutivo con –cito/cita:
>
> Pan, panecito
>
> Sol, solecito

Pie, piecito, piececito.

De casa se forma casita, con ese, porque es la consonante propia. No habría motivo alguno para cambiarla por una ce.

(Fuente: http://forum.wordreference.com/showthread.php?t=2891822; autor, Pinarium)

El único caso en que la regla dada en mi entrada anterior no coincide con estas es en el de «clase». Según nuestra regla, el diminutivo de «clase» debería ser «clasesita», dado que la palabra de origen (clase) tiene ese en la última sílaba; sin embargo, sabemos que el diminutivo de clase es «clasecita». ¿Cómo se explica esta excepción? Fundéu (la Fundación de Español Urgente) lo explica de la siguiente manera:

> Ningún diminutivo se forma añadiendo el sufijo -sita en lugar de -cita. Lo que ocurre es que, como en el caso de clase, se le añade el sufijo -ita a la base de la palabra, como se explica a continuación.
>
> La formación de diminutivos con el sufijo -ita se hace añadiéndo (sic.) dicha terminación a la base de la palabra, como en el caso de casa, cuya base es cas- y se forma casita.
>
> El sufijo -cita (así como -ecita) es una variación de -ita, cuyo uso se debe más a la preferencia de los hablantes que a normas gramaticales establecidas, y normalmente forma los diminutivos a partir de la palabra entera y no solo de la base: a la palabra clase se le añade el sufijo -cita, y forma clasecita, pero no clascita.

Según lo anterior, para formar el diminutivo de clase habría que añadir el sufijo -cita a la base (clas), lo cual daría «clascita», pero la preferencia de los hablantes «normalmente forma los diminutivos a partir de la palabra entera (…) a la palabra clase se le añade el sufijo -cita, y forma clasecita». Lo mismo ocurre, por ejemplo, con «base» («basecita»), pero no con «vaso», que toma la raíz -vas para formar «vasito».

Fuente:
http://www.fundeu.es/consulta/diminutivos-2951/; negrita añadida.

Pro- y pro

No debe confundirse el prefijo *pro-*, que significa «partidario o favorable», y se une al sustantivo, con la preposición *pro*, que significa «en favor de», que va separada del sustantivo. Ejemplos: *«Es un líder moderado prooccidental»* y *Fundación pro Real Academia Española*.

En algunos casos la diferencia es sutil, y dependerá de lo que se quiera significar. Por ejemplo: provida y pro vida. Tiene más sentido decir «es un líder provida» que «es un líder pro vida», porque lo primero designa una causa, mientras que lo segundo daría a entender que vida es una entidad autónoma. Pro, solo, se usaría en expresiones como «Es un movimiento pro diálogo ecuménico» (es decir, «en favor del diálogo entre religiones»).

Que y de que

Acabo de leerlo en un correo electrónico: «Estamos convencidos que el camino hacia una efectiva humanización de nuestra sociedad pasa indefectiblemente (…)». En este caso, falta «de»: lo correcto es: «Estamos convencidos *de que* el camino hacia una efectiva humanización de nuestra sociedad pasa indefectiblemente (…)».

¿Cómo saber cuándo es «que» y cuándo «de que»? Existe una regla muy sencilla: sustituya la proposición subordinada (la que comienza con que) por la palabra «algo». Este simple procedimiento le indicará si debe añadir «de» o debe omitirlo.

Siguiendo con el ejemplo anterior: «Estamos convencidos [algo]», en comparación con «Estamos convencidos de [algo]».

Otro ejemplo: «Pienso que debería mejorarse la educación»: «Pienso [algo]», en comparación con «Pienso [de algo]». Evidentemente, aquí el «de» sobra.

Quehacer
La «ocupación, negocio o tarea que ha de hacerse» es el «quehacer», no el «que hacer», «qué hacer» ni «quéhacer».

Queísmo y dequeísmo
Por Rosa Mendoza de Hernández

Son dos fenómenos sintácticos no legítimos y no reconocidos por la normativa académica actual. Son más frecuentes en la lengua hablada que en la escrita, sobre todo en el español americano. A pesar de su extensa difusión, la *Nueva gramática de la lengua española* al referirse a estos dice: «Ni el queísmo ni el dequeísmo gozan de prestigio en la lengua culta del español contemporáneo, por lo que se recomienda evitarlos» (3248).

El dequeísmo:
Consiste en el uso incorrecto de la secuencia *de que* en las oraciones subordinadas sustantivas cuando la preposición *de* no está justificada gramaticalmente.

El **dequeísmo** se produce en casos como los siguientes:

> 1. Cuando colocamos la preposición *de* delante de una oración subordinada sustantiva en función de complemento directo de cosa, introducida por la conjunción subordinante *que*.
>
> Esto debido a que el complemento directo de cosa se construye siempre sin preposición. (Recordemos que únicamente el complemento directo de persona lleva delante la preposición *a*).

Ejemplos:

*Me aconsejaron de que saliera temprano. (Se dice: *Me aconsejaron que saliera temprano*).

*Pensamos de que no ibas a venir. (Se dice: *Pensamos que no ibas a venir*).

2. Cuando colocamos la preposición *de* delante de una oración subordinada sustantiva en función de sujeto. Sabemos que para que una oración subordinada sustantiva pueda desempeñar la función de sujeto, no debe ser precedida de la preposición *de*. Esto debido a que el sujeto se construye siempre sin preposición.

Ejemplos:

*Me consta de que llegó mucha gente. (Se dice: *Me consta que llegó mucha gente* [sujeto]).

*Resulta de que yo no lo sabía. (Se dice: *Resulta que yo no lo sabía* [sujeto]).

*Me alegra de que hayas vuelto a mi casa. (Se dice: *Me alegra que hayas vuelto a mi casa* [sujeto]).

3. Cuando colocamos la preposición *de* delante del atributo en las oraciones copulativas:

*La idea es de que ahorremos combustibles. (Se dice: *La idea es que ahorremos combustibles*).

El queísmo:

El ***queísmo*** se produce cuando eliminamos la preposición *de* u otra preposición delante de la conjunción *que* cuando la misma debería aparecer por estar exigida por el verbo. Es decir, cuando la preposición introduce un complemento de régimen (también llamado suplemento) exigido por el verbo. Ejemplos:

*Me alegro que hayas venido. (Se dice: Me alegro de que hayas venido [Complemento de régimen]).

*Insistió que fuéramos a su casa. (Se dice: Insistió en que fuéramos a su casa [Compemento de régimen])

*Me acuerdo que aquel día llovió mucho. (Se dice: Me acuerdo de que aquel día llovió mucho [Complemento de régimen]).

En los ejemplos anteriores, los tres verbos—alegrarse, insistir, acordarse— exigen complemento de régimen preposicional o suplemento: Alegrarse **de,** insistir **en,** acordarse **de.**

A continuación se señalan algunos verbos que frecuentemente exigen complemento de régimen, lo cual debemos tomar en cuenta para evitar el *queísmo*:

Arrepentirse de, avergonzarse de, quejarse de, preocuparse de, confiar en, informar de, advertir de (en el sentido de informar).

Verbos especiales:
La NGLE señala algunos verbos que presentan dos regímenes verbales (con complemento directo y con complemento de régimen) sin cambio de significado. Estos verbos son **informar, advertir** (solo con el significado de informar), **avisar y dudar.**

Por lo tanto, son válidos normativamente los enunciados con y sin la preposición *de*:

> Nos informaron de que había lugar. Nos informaron que había lugar.

> Me advirtieron de que haría mal tiempo. Me advirtieron que haría mal tiempo.

> Dudé de que el director llegara a la sesión. Dudé que el director llegara a la sesión.

Me avisó de que llegaría tarde. Me avisó que llegaría tarde.

Referencias:

Gutiérrez, Ordóñez Salvador., Bango Manuel. Iglesias, and Rodríguez Carmen. Lanero. *Análisis sintáctico 1.* Madrid: Anaya, 2002.

Nueva gramática de la lengua española. Madrid: Espasa Libros, 2009.

Repositorio

Por extraño que nos parezca, y aunque nos huela a anglicismo importado por los técnicos en computación, «repositorio» sí existe en español: es un «lugar donde se guarda algo», y viene del latín *repositorium*, armario, alacena. De manera que es correcto decir «repositorio de documentos».

Resiliencia

Ileana Alamilla titula su columna de Prensa Libre del 22 de febrero de 2010 «Desastres y resiliencia». Seguramente a ustedes, como a mí, les llamó la atención la palabra resiliencia. Llama la atención porque no existe.

Al parecer, la columnista solo se refiere a lo que ha escuchado. Escribe ella en su columna: «han impulsado prácticas de lo que se denomina resiliencia comunitaria, que es la capacidad de recuperación, de adaptarse y de empoderarse a sí mismas y a sus comunidades».

Estamos frente a un término técnico que se usa en inglés (*resilience*), para referirse a

1. *the power or ability to return to the original form, position, etc., after being bent, compressed, or stretched; elasticity.*

2. *ability to recover readily from illness, depression, adversity, or the like; buoyancy.*

Es decir, la capacidad para recuperar la forma inicial y reponerse de la adversidad. Su origen es latino (*resili(ns*), pp. de *resil re*, «rebotar») y parece ser que se empezó a usar hacia 1620–30.

El diccionario *Espasa Concise* traduce *resilience* como

1 *(de una persona)* resistencia

2 *(de un material)* elasticidad

Como vemos, *resilience* nos dice mucho más que «resistencia», o «elasticidad» A mí no me parecería mal que adoptáramos esa palabra. Tal vez no como «resiliencia», pero sí como «resilencia», por facilidad de pronunciación.

Se lo dije

Imaginemos este pequeño diálogo: el profesor pregunta a su asistente: «¿Le dijiste a los alumnos que mañana hay examen?». Suponiendo que la respuesta sea afirmativa, ¿cómo debe él responder: «Sí, se lo dije», o «Sí, se los dije»?

La respuesta correcta es la primera: «Sí, se lo dije». Recordemos que el pronombre «se» está sustituyendo, en este caso, al objeto indirecto; es decir, a los alumnos, mientras que el pronombre «lo» sustituye al objeto o complemento directo: «que mañana hay examen» (que fue una cosa, no varias). Otros ejemplos:

«Le di el juguete a los niños»: «se lo di», no «se los di». Pero: «le di los juguetes a los niños»: «se los di» (en este caso, son varios juguetes). «Le expliqué a mis amigos el problema»: «se lo expliqué» (si fueran varios problemas, sería «se los explique»).

Su teléfono e e-mail

Sabemos que la conjunción copulativa «y» toma la forma «e» ante palabras que empiezan por el sonido vocálico /i/. ¿Qué pasa si la palabra que sigue a la conjunción no es española y comienza por el sonido vocálico /i/? Respuesta: «sigue vigente la regla, aunque por tratarse de una voz extranjera el sonido /i/ inicial no se escriba como i o hi», como en

> Escriba su teléfono e e-mail (la e de e-mail se pronuncia [i] en inglés).

(**Fuente:** Real Academia Española de la Lengua, "Respuestas a las preguntas más frecuentes", http://goo.gl/8NqI7, consultado el 30 de julio de 2012).

Una pequeña digresión
No se dice «disgresión», sino «digresión».

«Digresión» indica «el efecto de romper el hilo de un discurso con cuestiones ajenas a lo que se está tratando» (Oficina de corrección del español). Está formada por el prefijo «dis-», que se usa para indicar separación, y el verbo latino *gradior* (marchar, caminar). Siguiendo la lógica, esta combinación debió haber dado «disgredior», pero como la lógica de la lengua no es matemática, dio «digredior» (sustantivo: *digressio, digressionis*), y de allí viene nuestra «digresión».

Votar a
A la mayoría de hispanoamericanos nos parece extraño que en España digan que van a votar a tal o cual candidato, o a tal o cual partido. Nosotros decimos que «votamos por alguien», no que «votamos a alguien». «Votar a alguien» nos suena como equivalente a tumbarlo o a echarlo a la basura. ¿Cuál es la forma correcta? El DPD, siguiendo la tendencia descriptivista que domina hoy la Academia, solamente dice que

> En España y en el español rioplatense, es habitual que, si el voto se da a una persona o partido, se construya como transitivo, con complemento directo: «¿Piensa votar a Izquierda Unida? Ya

los voté en las pasadas elecciones» (Cambio 16 [Esp.] 20.8.90); «¿Por qué habría que votar a Cafiero y no a Pierri?» (Clarín [Arg.] 12.1.97).

Originalmente, el verbo 'votar' es intransitivo, según leemos en el DRAE:

votar.

(Del lat. votāre).

1. intr. Dicho de una persona: Dar su voto o decir su dictamen en una reunión o cuerpo deliberante, o en una elección de personas. U. t. c. tr.

(Notemos que al final dice: U. t. c. tr., es decir, que también se utiliza como transitivo.)

Si el verbo es intransitivo (ejemplos de verbos intransitivos son «dormir» y «caminar»), significa que la acción que yo realizo no trasciende: soy yo el que voto. Pero como, normalmente, queremos especificar a quién damos nuestro voto, solemos agregar que votamos por tal o cual partido o candidato. Así es como lo explica el DPD:

votar. 1. Como intransitivo, dicho de una persona, 'dar su voto': «Ahora los ciudadanos podrán votar correctamente» (Abc [Par.] 27.10.96). A menudo se especifica el sentido del voto mediante un complemento introducido con por, a favor de, contra o en contra de: «Apagué la tele y supe que nunca votaría por él» (Serrano Vida [Chile 1995]); «Votamos a favor del Tratado de Libre Comercio Canadá-Chile» (DAméricas [EE. UU.] 12.5.97); «Los miembros del partido oficial votaron en contra de la propuesta» (Gordon Crisis [Méx. 1989]).

Decir «votar a alguien» (en lugar de «por alguien») implica convertir el verbo votar, que originalmente es intransitivo, en transitivo. Sería como en «dar»: «yo di un obsequio a Fulano» (compárese con: «yo voté a Fulano».)

En definitiva, no hay norma de corrección sobre este fenómeno. Solamente podemos constatar el hecho: en la mayor parte de Hispanoamérica decimos «votar por», mientras que en España (y, supuestamente, en el Río de la Plata) se dice «votar a».

El Quijote

«No tenga pena»

En Guatemala, y creo que también en los demás países de Centroamérica, es frecuente utilizar el sustantivo «pena» con el sentido de «vergüenza» o «preocupación». En España no entienden este uso que damos aquí a la palabra «pena», y les parece muy extraño que alguien les diga, por ejemplo, «no tenga pena; mañana se lo traigo». Para ellos, «pena» es un «cuidado, aflicción o sentimiento interior grande» (DRAE), como el que se tiene cuando muere un ser querido.

Monumento al bachiller Sansón Carrasco, en Argamasilla de Alba

Este uso de «pena» —que no está recogido por el diccionario— es un arcaísmo. Lo encontramos, por ejemplo, en el capítulo VII de la segunda parte de *Don Quijote*, cuando el bachiller Sansón Carrasco le dice al ama:

«Pues no tenga pena, sino que váyase en buena hora a su casa, y téngame aderezado de almorzar alguna cosa caliente y, de camino, vaya rezando la oración de santa Apolonia si es que la sabe, que yo iré luego allá, y verá maravillas».

«Rejo, maguer, morena»

En el capítulo 26 del *Quijote* hay tres palabras que me llamaron la atención. No conocía su significado, y veía que perdía mucho al no investigarlo.

La primera es «rejo». Es uno de los calificativos con que Sancho describe a Dulcinea, cuando se entera, por boca de Don Quijote, de que ella es, en realidad, Aldonza Lorenzo, la hija de Lorenzo Corchuelo. Sancho dice de Aldonza «¡qué rejo tiene!» (o algo similar). «Rejo», en este contexto, significa robustez o fortaleza.

La otra expresión («maguer») se usa con relativa frecuencia en el *Quijote*. Es una conjunción en desuso que significa «aunque»

Por último, cuando Sancho llega la venta donde lo habían manteado, camino a llevar el recado de su señor Don Quijote a Dulcinea, el cura o el barbero —que allí se encontraban, no sé por qué—, al verlo venir en Rocinante, le piden una explicación. En algún momento, le dicen a Sancho que «sobre eso (ese asunto), morena». Pues esa expresión, según el Diccionario de la Academia, se usa «para declarar la resolución de sostener lo que se quiere, con todo empeño y a cualquier costa».

El yantar de Don Quijote los sábados: duelos y quebrantos

> Una olla de algo más vaca que carnero, salpicón las más noches, duelos y quebrantos los sábados, lantejas los viernes, algún palomino de añadidura los domingos, consumían las tres partes de su hacienda…

¿Qué comía (yantaba) don Quijote los sábados? El detallado comentario de don Diego Clemencín a la obra más famosa de Cervantes nos dice que «duelos y quebrantos» llamaban en Castilla a una olla «menos sustanciosa y agradable» que se permitía comer los sábados en España.

Cuando se morían o desgraciaban por cualquier accidente las ovejas, acecinaban la carne para los usos domésticos, y aprovechando las extremidades y aun los huesos quebrantados de lo cual hacían olla, llamándola, según Pellicer, *duelos y quebrantos*; *duelos,* por el que indicaban del dueño del ganado, y *quebrantos,* por el de los huesos de las reses.

Hasta el quijote ennobleció don Quijote
«Quijote», originalmente, significaba

1.m. Pieza del arnés destinada a cubrir el muslo.

2.m. En el cuarto trasero de las caballerías, parte comprendida entre el cuadril y el corvejón.

Es obvio que Cervantes hizo que su héroe eligiera llamarse «don Quijote» en plan de burla. ¿Quién creería —¡ni el mismo Cervantes!— que con el paso del tiempo «quijote» llegaría a significar «hombre que, como el héroe cervantino, antepone sus ideales a su provecho o conveniencia y obra de forma desinteresada y comprometida en defensa de causas que considera justas» (DRAE)?

Así es todo el Quijote, y por eso me gusta tanto: es un recordatorio de que nuestro paso por esta vida es un juego, pero un juego que hay que tomarse en serio. Nadie peor que el aguafiestas que vive frustrado porque quiere algo más que un simple juego... Don Quijote desempeñó tan bien su papel que casi se reificó: se hizo real. Al menos, un ideal real sobre la elegancia con la que hay que vivir, haciendo de tripas corazón y de la necesidad virtud.

—¿Quién duda sino que en los venideros tiempos, cuando salga a luz la verdadera historia de mis famosos hechos, que el

> sabio que los escribiere no ponga, cuando llegue a contar esta mi primera salida tan de mañana, desta manera? (…)
>
> —Dichosa edad, y siglo dichoso aquel adonde saldrán a luz las famosas hazañas mías, dignas de entallarse en bronces, esculpirse en mármoles y pintarse en tablas para memoria en lo futuro.

Rocinante

¿Quién no recuerda aquella primera descripción de Rocinante en el capítulo primero del *Quijote*?

> Fue luego a ver a su rocín, y aunque tenía más cuartos que un real y más tachas que el caballo de Gonela, que «tantum pellis et ossa fuit»…

¿Qué quiere decir eso de «más cuartos que un real»?; ¿quién era Gonela y por qué era famoso su caballo o rocín?; ¿qué significa la expresión latina?

La edición del cuarto centenario del Quijote nos aclara que «más cuartos que un real» es un juego de palabras, pues «cuartos» puede significar la cuarta parte de un real, así como una enfermedad de las caballerías. Ahora, eso de que un real pudiera tener más cuartos de los que tiene… ya es mucho decir.

Gonela era un famoso bufón de la corte de Ferrara. No sabemos por qué se hizo famoso su caballo, pero podemos imaginar que ha de haber sido tan poco agraciado como su dueño.

«Tamtum pellis et ossa fuit» significa que era solo pelos y huesos. Allí tenemos pues al pobre Rocinante, «que era antes y primero de todos los rocines del mundo» (un rocín, por cierto, es un caballo de mala traza, basto y de poca alzada).

Tuertos y tardanzas

Al comienzo del capítulo segundo de la primera parte del *Quijote*, Cervantes escribe que el famoso hidalgo...

> Hechas, pues, estas prevenciones, no quiso aguardar más tiempo a poner en efecto su pensamiento, apretándole a ello la falta que él pensaba que hacía en el mundo su tardanza, según eran los agravios que pensaba deshacer, tuertos que enderezar (...)

«Tuertos», aquí, significa «agravios». Actualmente, tuerto significa la persona de visión torcida, o falto de un ojo, pues «tuerto se opone a derecho en su significación primitiva, en la cual uno y otro son adjetivos. De aquí nació su acepción moral, en la que pasaron a ser sustantivos, significando derecho, justicia; y tuerto, agravio» (Diego Clemecín, El ingenioso hidalgo Don Quijote de la Mancha, edición IV Centenario. Madrid: Alfredo Ortells, 2001, p. 1022).

Como dato curioso, Clemencín también observa que «lo que Don Quijote pensaba que hacía falta en el mundo era su pronta presencia, no su tardanza».

Etimologías

Alma mater
Alma mater es una expresión latina que en sus orígenes designaba a Roma, y que hoy se usa para referirse a la universidad en la que uno estudió. Lo que muchos no saben es que «alma» en latín no tenía significaba el principio vivificador del cuerpo, sino «la que alimenta, nutricio» (es el femenino del adjetivo *almus*). De manera que *alma mater* no significa «el alma madre», sino «la madre nutricia». Alma se dice en latín *anima*.

Don
Algunas personas creen que «don» significa «de origen noble». No es cierto. «Don» viene del latín *dominus* (señor).

Guatemorfosis
Una campaña publicitaria de Pepsicola en Guatemala se llama «Guatemorfosis». Se promueve, según entiendo, la transformación del país. Solamente que hay un problema con las etimologías: la raíz griega μόρφωσις (mórfosis) significa forma, no cambio.

Nike

Nike (νικη) es «victoria, triunfo, éxito», en griego. Por eso unos fabricantes de zapatos deportivos eligieron ese nombre para designar su empresa. Como es griego, y no inglés, se pronuncia así: NIKE, no «naik» o «naiki». Desde luego, los dueños de la marca pueden decidir cómo quieren que se pronuncie, pero no está mal saber que no es inglés el origen de la palabra, sino helénico.

Paladión

¿Se han preguntado qué significa la palabra «paladión» que aparece en nuestro himno nacional [de Guatemala]?

El DRAE solamente la define como «objeto en que estriba o se cree que consiste la defensa y seguridad de algo». Lo interesante aquí es el origen: viene del griego Παλλάδιον / Palládion, estatua de Pallas Atenea de cuya conservación dependía la suerte de Troya.

La leyenda cuenta que el Paladio (o Pladión) fue robado por Odiseo y Diomedes, y que por eso cayó Troya. Otra leyenda dice que lo que ellos robaron fue una copia, y que la original fue llevada por Eneas a Italia.

Algunos se podrán preguntar ¿por qué la referencia a Troya, y no a Grecia? Recuérdese que en el siglo XIX (y antes), la referencia en la educación era más Roma que Grecia, y los romanos se consideraban descendientes de los troyanos.

Pensum

No sé de dónde viene la costumbre de utilizar la palabra latina *pensum* para referirse al «plan de estudios». Lo cierto es que el DRAE no registra esa palabra como española. Como palabra latina significa «peso; tarea cotidiana [de la hilandera]; tarea, deber, obligación, función» (Santiago Segura, *Nuevo Diccionario Etimológico*

Latín-Español). Sobre todo los académicos deberían tener cuidado con el uso de esta palabra.

Sicología

La «parte de la filosofía que trata del alma, sus facultades y operaciones», o bien, la «ciencia que estudia los procesos mentales en personas y en animales» se llama *psicología*. Podemos referirnos a ella como sicología, pero es preferible escribir psicología por razones etimológicas.

En efecto, mientras *psico* (ψυχή) significa «alma», en griego, *sico* (σύκο) significa «higo». En sentido estricto, entonces, *sicología* sería la ciencia o el tratado de los higos. ¿Se ve por qué conviene conservar la ortografía tradicional?

Traumaturgo

Traumaturgo no existe en español. Existen *traumatólogo* (el especialista en traumatología, es decir, en traumatismos) y *taumaturgo*.

Los evangelios dicen que Jesucristo era taumaturgo. El diccionario define *taumaturgo* como mago, pero lo más adecuado sería definirlo como alguien que causa admiración, pues esa palabra procede del griego *thaumatzein*, que significa admirarse. La admiración es la primera virtud del filósofo, dice Platón.

Expresiones

En breve y brevedad
La locución adverbial «en breve» significa en español «muy pronto o dentro de poco tiempo». Por influjo del francés, algunas personas la utilizan como equivalente de *brevemente, en suma, en resumen* o *en pocas palabras*: «Recordemos en breve la historia:...», pero ese uso es incorrecto.

Tampoco es correcto decir «a la mayor brevedad». La expresión correcta es «con la mayor brevedad».

La excepción que pone a prueba la regla
El jueves volví a oír la expresión: «la excepción que prueba la regla», queriendo dar a entender que toda excepción tiene su regla, y que cuando se descubre tal excepción, se reafirma o comprueba la regla. Esto no tiene sentido. El sentido original de la expresión era que si se sospecha que existe una excepción a una regla, esa excepción *pone a prueba la regla*. Las reglas no deben tener excepciones, y si en algún momento efectivamente la tuviera, sería ocasión o motivo para revisar la validez de la regla y modificarla, de manera que la anormalidad quede incorporada en una nueva regla o explicación (y por lo tanto deje de ser anormalidad).

Sírvase disculpar
Carlos Pérez me pregunta si es correcta la expresión que leyó en un cartel en un centro comercial. La frase comenzaba con «Sírvase disculpar las molestias».

Al respecto, el DPD dice:

> Seguido de infinitivo, se emplea en la lengua literaria o administrativa con el sentido de «tener a bien»: *«Agradecemos de antemano la atención que se sirva dar a esta petición»* (*Proceso* [Méx.] 26.1.97).

De manera que, aunque formal y pasada de moda, es una expresión correcta.

Statu quo

La expresión latina que se utiliza para designar «el estado actual de las cosas» es *statu quo*, y no *status quo*.

El *Diccionario Panhispánico de Dudas* nos aclara que *statuo quo*

> Se emplea como locución nominal masculina con el sentido de «estado de un asunto o cuestión en un momento determinado»: «¿Cómo es posible que usted haya osado romper el statu quo tan difícilmente establecido entre las comunidades y los propietarios?» (Scorza Tumba [Perú 1988]). Es invariable en plural (→ plural, 1k): los statu quo. No es correcta la forma *status quo*.

¿Por qué no es correcto *status quo*, si está en nominativo? Posiblemente se deba a que la expresión incluye, implícitamente, la preposición *in*, que rige ablativo. De hecho, el origen de esta expresión se encuentra en la frase *in statu quo ante bellum* (literalmente: «en – el estado – en el que – antes de – la guerra»).

Otro detalle: no se dice /statu kúo/, sino /statu kuó/..

Extranjerismos

Impase

impasse. Voz francesa que significa 'situación de difícil o imposible resolución, o en la que no se produce ningún avance'. Su uso es innecesario en español, por existir las expresiones *callejón sin salida* o *punto muerto*, de sentido equivalente: «Las posibilidades para encontrar una solución favorable podrían llegar a un callejón sin salida» (Siglo [Guat.] 7.10.97); «Francia es responsable del punto muerto en las negociaciones» (País [Esp.] 11.9.77). A veces se utiliza erróneamente por compás de espera, expresión que significa, simplemente, 'detención temporal de un asunto'. (*Diccionario Panhispánico de Dudas*)

Ítem

En cierta ocasión escuché a dos personas pronunciar «ítem» como /aitem/ (en inglés). *Ítem* es una palabra latina, y como tal, se pronuncia /ítem/ (con /i/ latina, vaya…)

El significado de *ítem* es otra historia. Esto es lo que dice el *DPD*:

ítem.1. Voz proveniente del adverbio latino *ítem* ("del mismo modo, también"). Su uso como adverbio, con el sentido de "además", era muy frecuente en textos antiguos y hoy pervive en textos de carácter jurídico o de nivel muy culto, frecuentemente en la forma *ítem más: No hice el menor caso de la requisitoria. Ítem más: Cuando dejé la Editora Nacional […], mi situación económica […] quedó considerablemente quebrantada"* (Laín *Descargo* [Esp. 1976]). De aquí deriva su uso como sustantivo masculino, con el sentido de "apartado de los varios de que consta un documento, normalmente encabezado por dicha fórmula": *"El caso chileno será tratado en el ítem 35"* (Hoy [Chile] 23.2-1.3.87).

2. Hoy se ha revitalizado este término por influjo del inglés y su empleo es muy frecuente en diversas disciplinas científico-técnicas, especialmente en psicología, con el sentido de "elemento o conjunto de elementos que constituyen una unidad de información dentro de un conjunto": *"La respuesta a cada ítem es evaluada con una calificación de 0 a 4 puntos»* (A. Fernández *Depresión* [Esp. 1988]).

El *DRAE* recoge ya el significado de *ítem* como «elemento»:

1. adv. c. U. para hacer distinción de artículos o capítulos en una escritura u otro instrumento, o como señal de adición.

2. m. Cada uno de dichos artículos o capítulos.

3. m. Aditamento, añadidura.

4. m. Inform. Cada uno de los elementos que forman parte de un dato.

5. m. Psicol. Cada una de las partes o unidades de que se compone una prueba, un test, un cuestionario.

Regaliz
El *liquorice* (ing.) es nuestro regaliz. No hay necesidad de decir /licorice/, o /licorís/.

Tour
Sobre la palabra *tour* dice el *Diccionario Panhispánico de Dudas* lo siguiente:

tour. Voz francesa (pron. [túr]) cuyo uso, en la mayoría de los casos, es innecesario en español por existir distintos equivalentes, según los contextos.

Con otras palabras, podría emplearse, pero es preferible buscar un equivalente en español. Si se llegara a usar, habría que ponerla en cursiva, por ser una voz extranjera.

¿Cuáles podrían ser los equivalentes? Depende del contexto. Si nos referimos, por ejemplo, a un *tour* virtual, podría ponerse «visita virtual»; cuando significa «viaje por distintos lugares con fines turísticos», habría que poner «viaje» o «gira». Sólo en el caso del Tour de Francia estaría justificado su uso, con su grafía y pronunciación originaria, y con mayúscula inicial.

Por otra parte,

> Cuando significa «serie de actuaciones sucesivas de un artista o una compañía por diferentes localidades», debe sustituirse por el término español *gira: «Cuando debutaron [...] hicieron una gira por toda la región»* (*Universal* [Ven.] 15.4.97).

Falsos amigos

Curar, conservar
En inglés, un *curator* es el director administrativo de un museo, galería de arte o institución similar. Es el responsable de cuidar las obras de arte que se conservan en el museo. *Curator* deriva del latín *curare*, que significa «cuidar».

En español, por supuesto, tenemos el verbo curar, pero no decimos que quien cuida de las obras de un museo es un curador; decimos que es un conservador. Es cierto que un curador es, en general, «quien tiene cuidado de algo» (DRAE), pero este término también se usa para referirse a la «persona que cura algo; como lienzos, pescados, carnes, etc.» (DRAE), de ahí que sea preferible traducir *curator* por conservador.

Por cierto, el sustantivo derivado de curar es curación, no *curaduría, como he escuchado decir a algunos. La confusión se origina, probablemente, en que curación se asocia con curar heridas, y quienes dicen *curaduría están pensado en lo que hacen los conservadores de obras de arte, no en lo que hacen los médicos. Aunque podríamos decir, sin ofender al genio del idioma, que una obra de arte se cura, es preferible decir que se conserva. Una herida se cura, para conservar la salud. La carne se cura, para que se conserve por mucho tiempo. Una obra de arte, simplemente, se conserva.

Pequeña lista de falsos amigos
Mi colega Julio Cole me envía esta lista de falsos amigos. Algunos de ellos son errores crasos, pero hay quienes los cometen.

> suggestion = sugerencia (no «sugestión», que en español significa algo muy distinto)

assume = suponer (no «asumir»)

allocate/allocation = asignar/asignación (no «alocar» o «alocación»)

factory = fábrica (no «factoría»; este error no es tan común, pero se dan casos)

support = apoyar (no «soportar»)

exit = salida (no «éxito»)

success = éxito (no «suceso»)

realize = darse cuenta (no «realizar»)

form (as in «application form») = formulario (no «forma»)

sensible = sensato (no «sensible», cuyo equivalente en inglés sería «sensitive»)

deception = engaño (no «decepción»)

compromise = solución negociada, componenda, arreglo (no «compromiso»)

gracious = agraciado, amable, atento, caballeroso (no «gracioso»)

groceries = abarrotes (no «groserías»)

Juan Pablo Pira aporta los siguientes:

molest = no solo «molestar», sino también «agredir sexualmente»

actually = de hecho, en efecto, realmente, en realidad, verdaderamente (no «actualmente»)

embarrased = apenado, cortado, avergonzado (no «embarazado»)

relative = no solo «relativo» sino también «pariente».

Pretender

To pretend, en inglés, significa fingir o aparentar. Hay que tener cuidado, por lo tanto, en no traducirlo como «pretender», que en español significa

    1. tr. Querer ser o conseguir algo.

    2. tr. Hacer diligencias para conseguir algo.

    3. tr. Dicho de una persona: Cortejar a otra.

Replicar

En inglés, *to replicate* es hacer una copia o reproducir algo. En español, replicar es

    1. intr. Instar o argüir contra la respuesta o argumento.

    2. intr. Responder oponiéndose a lo que se dice o manda. U. t. c. tr.

    3. tr. Der. Dicho del actor: Presentar en juicio ordinario el escrito de réplica.

    4. tr. ant. Repetir lo que se ha dicho.

No es correcto, por lo tanto, decir «replicar un experimento», cuando uno quiere decir «repetir un experimento».

Ultimátum

En español, un ultimátum es una resolución definitiva, generalmente comunicada por escrito. En inglés, *ultimatum* es la promesa de que se utilizará la fuerza si alguien no hace lo que se le pide (Diccionario Webster). Como se ve, son sustantivos que tienen un significado similar, pero no idéntico.

Género

¿El alma máter o la alma máter?
Por Rosa Mendoza de Hernández

Alma mater es una expresión latina formada por el sustantivo femenino *mater* (madre) y el adjetivo *alma (almus, a um = nutricia,* que alimenta). Este adjetivo *alma* es diferente al sustantivo castellano *alma* que viene del latín *anima*. La expresión *alma mater* significa *madre nutricia* y se usa *metafóricamente* para referirse a una universidad, como en el siguiente ejemplo tomado del CREA:

> A nivel institucional debo expresar también mi mejor agradecimiento a la Universidad de Deusto, alma mater de la que tanto he aprendido.

Cuando *alma mater* le anteponemos un artículo definido, debemos utilizar el femenino singular **la** ya que el sustantivo *mater* es singular y femenino. Recordemos que la aparición de las cuatro formas del artículo definido (*el, la, los, las*) está determinada por los rasgos de género y número de los sustantivos que las siguen y no por los adjetivos.

La presencia de una /a/ tónica en el adjetivo *alma* podría hacernos vacilar. Pero recordemos que la regla gramatical que dice que el artículo *la* se transforma en *el* delante de sustantivos femeninos que empiezan por /a/ tónica y que se encuentran directamente unidos al artículo (*el agua, el hada, el hambre*), se aplica únicamente a los sustantivos y no a los adjetivos.

Por lo anterior, el DPD indica que «desde el punto de vista etimológico, lo más correcto, y también lo más recomendable en el uso culto, es decir **la alma máter** y no **el alma máter*».

Referencias
Diccionario panhispánico de dudas. Madrid: Real Academia Española, 2005.
Gramática descriptiva de La Lengua Española. Ignacio Bosque. Ed. Violeta Demonte. Vol. 1. Madrid: Espasa, 2000.
Nueva gramática de la lengua española. Madrid: Espasa Libros, 2009.
Real Academia Española: Banco de datos (CREA) [en línea]. *Corpus de referencia del español actual.* <http://www.rae.es> [26/10/2010]

¿La poeta o la poetisa?
Por Rosa Mendoza de Hernández

El femenino de poeta puede ser la poeta o la poetisa. El DRAE, en la vigésima tercera edición, define el sustantivo poetisa como:

> poetisa.
>
> (Del lat. poetissa).
>
> 1. f. Mujer poeta.

Sin embargo, según la NGLE, en la actualidad, muchas escritoras rechazan la variante poetisa, por considerar que lleva a veces asociada la connotación de «poeta menor», y porque consideran que el uso de poeta, como sustantivo común en cuanto al género, se usaba ya en la lengua clásica, como en los siguientes versos de Bartolomé Leonardo de Argensola (1592-a 1631):

> No me juzgues por tan lerda
>
> que crea que es la poeta
>
> que habla tan como discreta
>
> i siente tan como cuerda...

Fuentes:
Asociación de Academias de la Lengua Española. Nueva gramática de la lengua española. Madrid: Espasa, 2009.

REAL ACADEMIA ESPAÑOLA: Banco de datos (CORDE) [en línea]. Corpus diacrónico del español. <http://www.rae.es> [4/10/2012].

¿Lenguaje sexista?

El diario *El País* publicó recientemente un artículo de Ignacio Bosque, suscrito por 26 académicos numerarios de la Real Academia Española, sobre el supuesto sexismo del idioma español. Se titula «Sexismo lingüístico y visibilidad de la mujer», y responde a las sugerencias que se hacen en varias guías de «lenguaje no sexista» aparecidas España en los últimos años, editadas por universidades, comunidades autónomas, sindicatos, ayuntamientos y otras instituciones.

En su artículo, Ignacio Bosque, con mucha paciencia y respeto, insiste en lo que ya sabemos: una cosa es el sexo biológico y otra el género gramatical. «Hay acuerdo general entre los lingüistas –dice Bosque– en que el *uso no marcado* (o *uso genérico*) del masculino para designar los dos sexos está firmemente asentado en el sistema gramatical del español, como lo está en el de otras muchas lenguas románicas y no románicas, y también en que no hay razón para censurarlo». Cuando esto no se entiende o no se quiere entender, el sistema gramatical español se rebela, y se producen disparates. ¿Quién diría que la frase «Juan y María viven juntos» es sexista porque digo «juntos» y no «juntas»? En lugar de decir «nadie estaba contento», ¿debería decir «nadie estaba contenta»? Tampoco se resuelve el problema con la estupidez de escribir "l@s niñ@s" para ahorrarse la incomodidad de escribir «los niños y las niñas». Refiere Rafael Serrano que el filósofo Jesús Mosterín «propone el término humán (pl. humanes) para designar a mujeres y hombres sin referencia al sexo» («La gramática no es sexista», *Aceprensa*, 8 de marzo de 2012). ¡Qué genialidad! ¿Y cómo deberíamos decir: «los humanes» o «las humanes»?

Quienes confunden género con sexo proponen que cuando se habla del asesinato de una mujer digamos «femicidio» y no «homicidio». Lo que estos ignorantes no entienden es que «femenino» es un género gramatical, y los géneros gramaticales no se asesinan. Si «femicidio» fuera matar a una mujer, matar a un hombre debería ser «masculinicidio». «Homicidio» quiere decir el asesinato de un individuo de la especie *homo sapiens*. ¿O es que las mujeres no forman parte de esa especie?

Termino este comentario copiando unos párrafos de la Constitución de la República Bolivariana de Venezuela, citados por Bosque, que francamente dan risa:

> «Sólo los venezolanos y venezolanas por nacimiento y sin otra nacionalidad podrán ejercer los cargos de Presidente o Presidenta de la República, Vicepresidente Ejecutivo o Vicepresidenta Ejecutiva, Presidente o Presidenta y Vicepresidentes o Vicepresidentas de la Asamblea Nacional, magistrados o magistradas del Tribunal Supremo de Justicia, Presidente o Presidenta del Consejo Nacional Electoral, Procurador o Procuradora General de la República, Contralor o Contralora General de la República, Fiscal General de la República, Defensor o Defensora del Pueblo, Ministros o Ministras de los despachos relacionados con la seguridad de la Nación, finanzas, energía y minas, educación; Gobernadores o Gobernadoras y Alcaldes o Alcaldesas de los Estados y Municipios fronterizos y de aquellos contemplados en la Ley Orgánica de la Fuerza Armada Nacional.»

> «Para ejercer los cargos de diputados o diputadas a la Asamblea Nacional, Ministros o Ministras; Gobernadores o Gobernadoras y Alcaldes o Alcaldesas de Estados y Municipios no fronterizos, los venezolanos y venezolanas por naturalización deben tener domicilio con residencia ininterrumpida en Venezuela no menor de quince años y cumplir los requisitos de aptitud previstos en la ley.»

Azúcar

«Azúcar» lleva la marca «amb.» en el DRAE, lo que significa que es un sustantivo ambiguo. Puede decirse «el azúcar» o «la azúcar».

Del verbo querer
Por Rosa Mendoza de Hernández

Además de su uso como verbo transitivo (con el significado de desear, apetecer, tener cariño, voluntad o inclinación a alguien o algo), el verbo querer, cuando se construye con un infinitivo «querer + infinitivo», pasa a funcionar como auxiliar de perífrasis verbal.

Así, «querer + infinitivo» adquiere una serie de propiedades de las perífrasis verbales. Y pasa a tener un sentido inminencial.

Este sentido inminencial del verbo querer era común en la lengua clásica:

> —Mira, Teresa —respondió Sancho—, y escucha lo que agora quiero decirte: quizá no lo habrás oído en todos los días de tu vida, y yo agora no hablo de mío, que todo lo que pienso decir son sentencias del padre predicador que la cuaresma pasada predicó en este pueblo... (Cervantes, *Quijote* II).

En el ejemplo anterior, la perífrasis verbal quiero decirte se usa con el sentido inminencial de voy a decirte algo, no tanto con el de 'albergo el deseo de decirte una cosa'.

Según la NGLE, el uso inminencial de querer presenta hoy notable pujanza en el español americano. En algunos países del área andina (también en Guatemala) querer + infinitivo se usa para expresar un riesgo o un peligro inminente:

> Me quiere dar la jaqueca; me quiere dar la gripe; este diente se me quiere caer.

También querer adquiere un sentido inminencial cuando se usa con verbos impersonales relativos a fenómenos atmosféricos:

> Mañanitas, mañanitas, / ¡como que quiere llover! / así estaba la mañana/ cuanto te empecé a querer [...]

En el ejemplo anterior, quiere llover se usa con el sentido de está a punto de llover.

Fuentes:
REAL ACADEMIA ESPAÑOLA: Banco de datos (CORDE) [en línea]. Corpus diacrónico del español. <http://www.rae.es> [10/ 3/2013]
Asociación de Academias de la Lengua Española. Nueva gramática de la lengua española. Madrid: Espasa, 2009.

El condicional de rumor o de información no asegurada
Por Rosa Mendoza de Hernández

Este tipo de condicional es el que se usa con frecuencia en el lenguaje periodístico para presentar informaciones de forma cautelosa o para dar noticias que no han sido lo suficientemente verificadas.

Los siguientes ejemplos se han tomado de noticias periodísticas:

a) Casos de desnutrición aumentarían por falta de saneamiento del agua.

b) El gobierno habría contratado servicios por un total de US$ 45 millones de dólares en los últimos cinco años.

El condicional de rumor o de información no asegurada existe en idiomas como el francés, pero en español se considera un calco no recomendado.

Aunque la NGLE no censura su uso, indica que algunos diarios hispanohablantes han optado por evitarlo con el argumento de que el rumor no debe ser presentado como noticia. Esto a pesar de que el uso del condicional otorga brevedad al lenguaje periodístico.

La Fundéu, por su parte, recomienda sustituir este tipo de condicional por otras fórmulas conjeturales como: posiblemente, se cree que, como «según dicen», «cabe la posibilidad de que», «es posible que», etcétera.

Fuentes:
Asociación de Academias de la Lengua Española. *Nueva gramática de la lengua española.* Madrid: Espasa, 2009.
García, Enrique. "Casos de desnutrición aumentarían por falta de saneamiento del agua." El Periódico [Guatemala] 30 Sept. 2012: 6.
http://www.fundeu.es/recomendaciones-C-condicional-de-rumor-179.html
Real Academmia Española: Banco de datos (CREA) [en línea]. Corpus de referencia del español actual. <http://www.rae.es> [4/10/2012]

El futuro de subuntivo
Por Rosa Mendoza de Hernández

El futuro simple de subjuntivo (cantare) es un tiempo verbal que fue muy usado en la lengua clásica.

El futuro simple de subjuntivo comenzó a perder vitalidad a partir del siglo XIV y perdió toda su vigencia en la época barroca; poco a poco se fue sustituyendo por el presente de indicativo hasta caer casi en desuso en la actualidad.

Se registra todavía en leyes, normas, reglamentos y otros textos de carácter oficial que se caracterizan por su lenguaje arcaizante, como en el siguiente ejemplo:

> Si se probare que el enajenante conocía los defectos de la cosa está obligado a indemnizar daños y perjuicios [...] (*Código Civil, Guatemala*, art. 1562).

El futuro de subjuntivo pervive también en expresiones fijas (sea lo que fuere, sea como fuere, el adivino o lo que fuere), en fórmulas rituales (Si así no lo hiciereis, Dios y la patria os lo demanden) y en algunos refranes (A donde fueres, haz lo que vieres).

Fuente:
Asociación de Academias de la Lengua Española. *Nueva gramática de la lengua española*. Madrid: Espasa, 2009.

El género en profesiones femeninas y cargos desempeñados por mujeres
Por Rosa Mendoza de Hernández

¿La juez o la jueza?, ¿la sargento o la sargenta?, ¿la médico o la médica?, ¿la jefe o la jefa?

En las sociedades actuales, la mujer es parte importante de la fuerza laboral y profesional, por lo que la lengua ha acogido ciertas voces que designan profesiones o actividades realizadas por mujeres. Dichas voces, anteriormente, tenían una carga minusvalorativa y hasta peyorativa, y se referían a la esposa del que ejercía ciertos cargos. Así, la jueza era la mujer del juez, la gobernadora era la mujer del gobernador, la médica era la mujer del médico.

La NGLE nos da las siguientes normativas para la designación del género de los sustantivos que se refieren a las profesiones, cargos y actividades de las mujeres:

1. Dentro del ámbito militar, los sustantivos que designan los grados son comunes en cuanto al género:

la sargento/ el sargento; la general/ el general; la coronel/ el coronel

2. Los sustantivos que designan profesiones, cargos y actividades, y cuyo masculino termina en -o, forman su femenino en -a:

abogada/ abogado; árbitra/ árbitro; bombera/ bombero; médica/ médico

3. Algunos sustantivos terminados en -e admiten femeninos en -a:

el jefe/ la jefa, aunque también se admite la alternancia *la jefe/ la jefa*

La NGLE indica que en muchos países americanos se utilizan las alternancias **la presidente / la presidenta, la juez / la jueza,** aunque no se inclina a favor del uso preferente de ninguna de esas formas. Las voces **jueza** y **presidenta** aparecen registradas en el *DRAE*.

Por lo anterior, las alternancias **la juez/ la jueza, la médico/la médica, la jefe/la jefa son todas correctas**. En cuanto a **la sargento/ la sargenta**, si nos referimos a un grado militar, debemos decir **la sargento,** pero si nos referimos a una religiosa lega de la Orden de Santiago o a una mujer corpulenta, hombruna y de dura condición, debemos decir **la sargenta**.

Fuentes:
La nueva gramática de la lengua española, tomo 1, pág. 105-109. DRAE, Vigésima segunda edición.

La ministro

El género gramatical de los cargos o títulos debe concordar con el sexo de la persona que lo ocupa o desempeña. Así, debe decirse, por ejemplo, «la ministra de educación», «la secretaria académica», «el vicerrector», etc. No es correcto, por tanto, decir o escribir «la secretario académico», o «María F., secretario académico». Léase, al respecto, lo que se dice en el DPD:

> Cuando el nombre de una profesión o cargo está formado por un sustantivo y un adjetivo, ambos elementos deben ir en

masculino o femenino dependiendo del sexo del referente; por tanto, debe decirse la primera ministra, una intérprete jurada, una detective privada, etc., y no la primera ministro, una intérprete jurado, una detective privado, etc.: «Me llamo Patricia Delamo y soy detective privada» (Beccaria Luna [Esp. 2001]).

La negación expletiva
Por Rosa Mendoza de Hernández

El español, al igual que otras lenguas como el francés y el inglés, tiene una forma de negación que se llama la negación expletiva, también llamada negación espuria.

La negación expletiva es aquella que no aporta un valor negativo real a la oración en donde aparece, sino que la presencia del adverbio «no» se debe meramente a razones enfáticas o expresivas.

La negación expletiva puede reconocerse porque en ella el uso del adverbio «no» es opcional, es decir, puede suprimirse sin que se afecte el sentido de la oración.

Algunos ejemplos de negación expletiva son los siguientes:

1) En exclamativas de carácter retórico:

¡Cuánto no habrá estudiado Pedro para ganar ese examen!

¡A cuántas personas no habrá matado ese psicópata!

2) Tras verbos de duda o temor:

María teme que no vaya a perder el vuelo a México.

3) En oraciones temporales introducidas por «hasta» puntual:

No descansaré hasta no terminar el trabajo.

No me iré hasta que no me digas la verdad.

4) En construcciones comparativas:

Vale más ser feliz con poco dinero que no rico desgraciado.

Como podemos ver, en los ejemplos anteriores el adverbio «no» puede omitirse sin que se altere el sentido de la oración.

A pesar de que la negación expletiva ha sido llamada también espuria o pleonástica, la misma está reconocida y normada por la NGLE, por lo que es gramaticalmente correcta.

Fuentes:
Gramática Descriptiva de la Lengua Española, tomo 2, pág. 2627.
NGLE , Sintaxis II, págs. 3696-7.

Los gerundios adjetivales
Por Rosa Mendoza de Hernández

La NGLE indica que existe una tendencia, en casi todas las áreas lingüísticas hispanohablantes, a utilizar los **gerundios adjetivales**, sobre todo en el lenguaje periodístico y administrativo.

La normativa **desaconseja** el uso de gerundios como adjetivos en casos como los siguientes, tomados de textos de internet:

1) ★Gobernador de NJ Chris Christie firma ley **reformando** la educación en el Estado.

Lo correcto es decir:

Gobernador de NJ Chris Christie firma ley **que reforma** la educación en el Estado.

2) ★Real Decreto **nombrando** a don Dámaso Berenguer Presidente del Consejo de Ministros.

Lo correcto es:

> Real Decreto **que nombra** a don Dámaso Berenquer Presidente del Consejo de Ministros.

Sin embargo, se consideran correctas expresiones exclamativas con gerundio en letreros como:

> ¡Atención! Hombres **trabajando.**

Esto debido a que en este caso el gerundio trabajando no está funcionando como adjetivo sino como predicativo del complemento directo, ya que el verbo de existencia haber está sobreentendido:

> ¡Atención! (Hay) hombres **trabajando.**

Fuente:
Asociación de Academias de la Lengua Española. *Nueva gramática de la lengua española*. Madrid: Espasa, 2009.

Músico, música

¿Cómo se le llama a una mujer que se dedica a la música: músico o música? ¿Se dice: «ella era músico», o «ella era música»? Según el DPD, una mujer que se dedica a la música es una música.

> **músico –ca.** "Persona que se dedica a la música". El femenino es *música* (→género2, 3a): *«La presencia de los jóvenes músicos y músicas de la Orquesta de Cámara Tupay»* (*Tiempos*[Bol.] 11.12.96). No debe emplearse el masculino para referirse a una mujer: *la músico*.

Gramática

«Cuyo», en desuso

Esta mañana, mientras hacía cola para cobrar un cheque en el banco, reparé en un aviso colgado en la pared. En la parte que me interesa comentar, el cartel decía: «Las personas que su foto se encuentra abajo (...)».

Es evidente que el pronombre relativo «cuyo, cuya» ha caído en desuso. Ya empieza a sonar literario, anticuado. Pero existen otras formas de expresar la idea anterior sin recurrir a ese pronombre. Por ejemplo: «Las fotografías de abajo corresponden a las personas...», «Las personas fotografiadas abajo...», «Las personas abajo retratadas», etc.

El laísmo
Por Rosa Mendoza de Hernández

El laísmo es un fenómeno sintáctico menos frecuente que el leísmo. Consiste en el uso de los pronombres átonos de acusativo *la, las* (de complemento directo) en contextos en que se requieren los pronombres átonos de dativo *le, les* (de complemento indirecto).

Por ejemplo, hay laísmo en los enunciados siguientes:

*A María la duele la cabeza. (Se dice: *A María le duele la cabeza.*)

*Mañana la escribiré una carta. (Se dice: *Mañana le escribiré una carta* [a ella].)

Según la NGLE, el laísmo surgió en Castilla en el siglo XV pero no se extendió a Andalucía ni a Canarias y, por consiguiente, tampoco a América (1225).

Rafael Lapesa, en su *Historia de la lengua española* indica que Andalucía no adoptó el laísmo porque se mantuvo fiel al criterio etimológico basado en la distinción de casos (343). Según Ramírez Luengo en su *Breve historia del español de América* el español de América es primeramente de base andaluza y «muestra importantes características heredadas de las hablas de Andalucía» (18). Ello podría explicar por qué el laísmo está ausente del español de América.

En España el laísmo gozó de prestigio y se ha documentado en obras de escritores notables como santa Teresa de Jesús, Quevedo, Lope de Vega, Tirso de Molina. En la actualidad persiste en algunas zonas de la península ibérica.

Tipos de laísmo
Se distinguen dos tipos de laísmo:

    1. 1. **Laísmo de persona:** consiste en el uso de los pronombre *la, las* como dativo con sustantivos femeninos de persona.

Ejemplo:

    *A mis vecinas las enviaron flores. (Se dice: *A mis vecinas les enviaron flores.*)

    2. 2. **Laísmo de cosa:** consiste en el uso de los pronombres *la, las* como dativo con sustantivos femeninos de cosa. Es menos frecuente que el de persona.

Ejemplo:

    *A la chaqueta tengo que pegarla dos botones. (Se dice: *A la chaqueta tengo que pegarle dos botones.*)

El laísmo **no** está reconocido por la norma culta vigente. El DPD lo considera impropio y la *Nueva gramática de la lengua española* recomienda evitarlo en todos los contextos (1225).

Referencias

Diccionario Panhispánico de dudas. Madrid: Real Academia Española, 2005.

Fernandez-Ordonez, Inés. "Leísmo, Laísmo y Loísmo". *Gramática Descriptiva De La Lengua Española.* Por Ignacio Bosque. Ed. Violeta Demonte. Vol. 1. Madrid: Espasa, 2000.

Nueva gramática de la lengua española. Madrid: Espasa Libros, 2009.

Ramírez Luengo, José Luis. *Breve historia del español de América.* Madrid: Arco/Libros, 2007.

El leísmo
Por Rosa Mendoza de Hernández

El leísmo es un fenómeno sintáctico que está presente tanto en el español europeo como en el americano, aunque en el último tiene una menor extensión.

El leísmo consiste en la utilización de los pronombres dativos átonos *le o les* (de complemento indirecto) en los contextos en que se requieren los pronombres de acusativo *lo, los, la, las* (de complemento directo).

Por ejemplo, hay leísmo cuando decimos:

Vi a Mariano. **Le** *vi.* En lugar de decir: *Vi a Mariano.* **Lo** *vi.*

Vi a tus hermanos. **Les vi.* En lugar de decir: *Vi a tus hermanos. Los vi.*

Existen diferentes tipos de leísmo. Algunos, como el primero de los dos ejemplos anteriores, están aceptados por la normativa académica actual.

Algunos tipos de leísmo

- Leísmo de persona (masculino).
- Leísmo de persona (femenino).
- Leísmo de cosa.
- Leísmo de cortesía (una variante del leísmo de persona femenino y masculino).

Leísmo de persona (masculino):

Consiste en el uso del pronombre *le* como acusativo con sustantivos masculinos de persona:

*A Juan **le** premiaron el año pasado.*

*A Pedro **le** vi al lado de Ana.*

Este tipo de **leísmo de persona (singular y masculino)** se ha extendido en España a la lengua culta.

Rafael Lapesa, en su *Historia de la lengua española* refiere que «En el siglo XVIII la pujanza del leísmo fue tal que en 1796 la Academia lo declaró único uso correcto para el acusativo masculino; después rectificó haciendo sucesivas concesiones a la legitimidad de *lo* hasta recomendarlo como preferible» (116.8).

Actualmente, y debido a que está documentado en gran número de escritores contemporáneos de mucho prestigio, la NGLE **no** lo considera incorrecto (1215).

Sin embargo, esta misma gramática **no** recomienda el leísmo de persona masculino en plural.

*A esos funcionarios no **les** conozco. (Lo correcto es: A esos funcionarios no **los** conozco.)

Leísmo de persona (femenino):
Consiste en el uso del pronombre *le* como acusativo con sustantivos femeninos de persona:

*A María no **le** vi ayer. (Se dice: A María no **la** vi ayer.)

*A Juana **le** llaman por teléfono. (Se dice: A Juana **la** llaman por teléfono.)

Este tipo de leísmo de *le* por *la* **no** está legitimado ni en la NGLE ni en el DPD y **no** pertenece a la norma culta estándar. La NGLE considera incorrecto este tipo de leísmo. (1218)

Leísmo de cosa
Consiste en el uso del pronombre *le* como acusativo con sustantivos de cosa o de animal:

*Te devuelvo el libro porque ya **le** he leído (Se dice: Te devuelvo el libro porque ya **lo** he leído)

*A mi perro **le** bañé (Se dice: A mi perro **lo** bañé)

La NGLE también considera incorrecto en todo el mundo hispanohablante el leísmo de cosa con algunas excepciones (1219).

Leísmo de cortesía:
Este tipo de leísmo es común a todo el mundo hispanohablante. Consiste en el empleo de *le o les* en función de complemento directo cuando el referente es un interlocutor en el tratamiento de respeto con *usted*.

Inés Fernández-Ordoñez, en el capítulo 21 de la *Gramática descriptiva de la lengua española*, indica que este tipo de leísmo se ha utilizado como un procedimiento para desambiguar la tercera persona, y proporciona los siguientes ejemplos:

Ayer lo vi en el parque [a él].

Ayer lo vi en el parque [a usted]. (1340)

De acuerdo al DPD, «aunque el leísmo de cortesía no está tan generalizado cuando el interlocutor es femenino, debe considerarse aceptable, especialmente en fórmulas fijas de saludo o despedida del tipo *Le saluda atentamente* y similares» (395)

Casos con se impersonal

No se considera leísmo el uso de *le* o *les* referido a personas masculinas o femeninas. Ejemplos:

Se ve a los niños jugar en el parque. Se les/los ve jugar en el parque. (Ambas formas son correctas.)

A María se le/la ve triste. (Ambas formas son correctas.)

Algunos verbos especiales

Con los verbos *escuchar, obedecer, creer, ayudar, acusar* y *telefonear* existe alternancia de los pronombres de complemento directo y de indirecto, por lo que ambas formas son aceptadas. NGLE (1218)

Ejemplos:

A los padres hay que obedecerlos/obedecerles. (Ambas formas son correctas.)

Los/les ayudé a resolver el problema. (Ambas formas son correctas.)

Referencias:
Diccionario Panhispánico de Dudas Madrid: Real Academia Española, 2005.
Fernandez-Ordonez, Inés. "Leísmo, Laísmo Y Loísmo." *Gramática Descriptiva De La Lengua Española*. Ignacio Bosque. Ed. Violeta Demonte. Vol. 1. Madrid: Espasa, 2000.
Iglesias Bango, M.; Gutiérrez Ordóñez, S. y Lanero Rodríguez, C. *Análisis sintáctico 1*. Madrid: Anaya, 2002.
Lapesa, Rafael. *Historia de la Lengua Española*. Madrid: Editorial Gredos, 2008.
Nueva gramática de la lengua española. Madrid: Espasa Libros, 2009.

Los cuatro «porqués»

Isabel me pregunta cuáles son los cuatro tipos de "porqués". Helos aquí:

3. 1. **Interrogativo:** «¿Por qué me preguntas eso?» (separado y con tilde).

4. 2. **Conjunción:** «Porque me interesa saber» (junto y sin tilde).

5. 3. **Sustantivo:** «El porqué de la duda» (junto y con tilde).

4. **Coincidencia de la preposición «por» y del pronombre relativo «que»:** «Al final optaron por que no se presentaran a la licitación».

Incorrecciones

Alcahuetes y alcahuetas
Un alcahuete es una persona que concierta, encubre o facilita una relación amorosa, generalmente ilícita. Alcahueta, por ejemplo, era la vieja Celestina de la *Tragicomedia de Calisto y Melibea*. «Alcahuetear», por lo tanto, es hacer el oficio de alcahuete o alcahueta.

¿Han notado ustedes que algunas personas dicen que hay padres que «alcahuetean» mucho a sus hijos? Quieren decir que les conceden muchos gustos, que los educan mal, que les consienten cualquier gusto o capricho… No cabe duda de que hacen mal uso de esa palabra. Pero ¿no habrá alguna asociación mental oculta por la que se vincula la mala educación que dan algunos padres con una futura alcahuetería? «Cría mal a los hijos, consiénteles de todo… y después tendrás que alcahuetear». La sabiduría popular tiene extraños cauces para manifestarse.

Alfabetizado
Las personas que saben leer y escribir se llaman alfabetizadas, no alfabetas o alfabetos. A las que no saben, analfabetos o analfabetas.

Alto, pare, stop
Ahora que Antonio Burrieza me ha recordado que en Europa utilizan STOP en los rótulos de tránsito, he caído en la cuenta de que en Guatemala se utiliza ALTO. Ahora bien, ese término no está registrado con la acepción que aquí se pretende en el DRAE. «Alto» significa muchas cosas, menos «deténgase». Tal vez deberíamos decir, como en algunos países de Sudamérica, «PARE».

Anomia

Al estado de ausencia de ley se le llama estado de anomia, no de anomía.

Antediluviano

Esto puede parecer muy obvio a algunos, pero como anoche lo escuché, lo aclaro: no existe el adjetivo «antidiluviano» (que significaría «en contra del diluvio»), sino solamente «antediluviano» (*anterior* al diluvio).

Apóstrofe y apóstrofo

Algunas personas llaman «apóstrofe» al signo ortográfico (') que indica la elisión de una letra o cifra. Pero ese signo se llama «apóstrofo». «Apóstrofe» es una figura retórica «que consiste en dirigir la palabra con vehemencia en segunda persona a una o varias, presentes o ausentes, vivas o muertas, a seres abstractos o a cosas inanimadas, o en dirigírsela a sí mismo en iguales términos» (DRAE). El ejemplo que apóstrofe se me viene a la mente es aquel discurso de San Pablo que comienza con «¡Insensatos gálatas!»

Autorrobo

El viernes 4 de junio, *el Periódico* publicó una noticia relacionada con el juicio que se sigue contra los integrantes de una banda que asesinó a 15 nicaragüenses y un holandés, en noviembre de 2008. Casi al final de la noticia se lee lo siguiente:

> Ocho días antes del crimen de los nicaragüenses, El Taquero realizó un autorrobo de 600 kilos de cocaína al cartel colombiano.

Dejando a un lado la incorrección del uso de la mayúscula en el pseudónimo del delincuente (*E*l Taquero), llama la atención el término «autorrobo». Los autorrobos no existen, pues yo no puedo robarme a mí mismo. ¿Por qué no decir, simplemente, que el Taquero *simuló* un robo? En buen castellano, eso fue lo que el delincuente hizo: fingir que lo robaron.

Lamentablemente, este adefesio se está generalizando, particularmente en la jerga periodística. Vea, por ejemplo, parte de la lista que se obtiene en Google al buscar «autorrobo»:

> **Últimos 4 días**
>
> Investigan presunto **autorobo** | Periódico Zócalo
> hace 2 días - Asegura detenido que quien lo mandó a meterse al domicilio fue el propio dueño.
> www.zocalo.com.mx/seccion/.../investigan-presunto-**autorobo**/ - En caché
>
> Periódico Zócalo | Email | Investigan Presunto **Autorobo**
> hace 1 día - Por un presunto **autorobo** de 50 mil pesos están detenidos Joel Salazar Méndez de 38 años de edad y un menor identificado como Eduardo Hernández Lomas, ...
> www.zocalo.com.mx/.../investigan-presunto-**autorobo**/?... - En caché
> ▼ Mostrar más resultados de www.zocalo.com.mx
>
> Empleado declara **auto-robo** en gasolinera Beto Ávila de Veracruz ...
> hace 2 días - Veracruz, Ver.- Elementos de la Policía Intermunicipal llevaron a cabo la detención del despachador de la Gasolinería Beto Ávila, quien había reportado.
> www.veracruzanos.info/.../empleado-declara-**auto-robo**-en-gasolinera-beto- avila-de-veracruz/
> - México - En caché
>
> Lo truenan por **auto robo** - Noticias - nayaritpuntocom
> hace 3 días - Se comprobó el **auto robo** y por esa razón, Mario Alberto, la unidad marca Nissan tipo caja color blanco, modelo 2007 con placas MZ-17-443 del estado de ...
> www.nayaritpuntocom.com/policiaca/28208.html - En caché
>
> Atrapa la Policía Investigadora a quien se **auto robó**
> hace 1 día - Seguridad Pública. Vallarta Opina MILENIO.Debido a que están de moda los levantones y secuestros, a un repartidor de lácteos se le hizo fácil tratar de ...

Brasileño

El gentilicio propio de los naturales de Brasil es «brasileño», no «brasilero», como dicen algunos. «Brasilero» es el gentilicio de los naturales de Brasil en portugués, pero no en español. Si habláramos portugués estaría bien que dijéramos «brasileros»; pero en español se dice «brasileño».

Centroamérica, no Centro América
Se puede escribir América Central o Centroamérica, pero no Centro América.

Cooptar
Se está poniendo de moda, especialmente en los medios periodísticos, utilizar el verbo «cooptar» como sinónimo de «tomar» o «capturar». Así, por ejemplo, Alfred Kaltshmitt, escribe en su columna de Prensa Libre del 28 de mayo de 2013:

> (…) el sistema de justicia de nuestro país ha sido cooptado por esa facción internacionalista (…)

Pero el verbo «cooptar» tiene otro significado. De acuerdo al DRAE, «cooptar» es

> 1. tr. Llenar las vacantes que se producen en el seno de una corporación mediante el voto de los integrantes de ella.

Wikipedia dice que cooptación «es un sistema de organización por el cual una asociación cualquiera de personas nombra internamente a sus propios miembros, sin dependencia de criterios externos», y da los siguientes ejemplos:

> En el Imperio romano, durante la época de los Antoninos, los Emperadores elegían a su sucesor en vida, legalizando dicha situación sin pasar a llevar el principio hereditario, adoptando como hijo a dicho sucesor cooptado.

> La Iglesia Católica elige quienes serán sacerdotes por cooptación, a diferencia, por ejemplo, del Hinduismo, en donde los sacerdotes no son elegidos, sino que se determina su pertenencia a dicha casta por derecho hereditario de nacimiento.

> En algunos países, los jueces del Poder Judicial son elegidos exclusivamente por el tribunal supremo de dicho país, sin in-

jerencia de los Poderes Ejecutivo y Legislativo, lo que también representa un caso de cooptación.

Dentro de las Fuerzas Armadas de la mayor parte de los países, la oficialidad asciende grados por designación de un oficial de grado superior.

El fascismo tenía como programa político la organización de un cuerpo colegiado designado por cooptación que represente a los sectores de la sociedad, estos a su vez organizados por el gobierno.

Cuarenta (40)

Mientras preparo el programa del curso de historia del español, hago un breve comentario sobre una costumbre que me parece que debe desaparecer. Me refiero al hábito que algunas personas tienen de pretender aclarar los guarismos con su nombre entre paréntesis, o lo que es peor, al revés. Es una costumbre que viene de los notarios, y que estará bien para las actas y documentos legales, pero no para el lenguaje ordinario. Cabría admitir que alguien escribiera, por ejemplo, «40 (cuarenta)», pero no «cuarenta (40)». Se entiende que en el primer caso quiere evitarse en la medida de lo posible una mala lectura del guarismo. En el segundo caso, en cambio, no se ve la necesidad de poner entre paréntesis lo que ha dicho con toda claridad con palabras.

Por cierto, la norma dice —creo que ya lo había comentado— que los números se escriben con letras (uno, dos, tres...) hasta el diez; de ahí en adelante se pueden escribir guarismos (11, 12, 13...)

De la misma edad: coetáneos

De dos o más personas que son de la misma edad se dice que son «coetáneas», no «contemporáneas». «Contemporáneo» significa «existente en el mismo tiempo que otra persona o cosa» (DRAE). Así, mi padre y yo somos contemporáneos, pero no coetáneos.

Dejarse perder

Antonio Burrieza, de Madrid, me escribió para contarme que en su país se está poniendo de moda la expresión «dejarse perder», especialmente para referirse a la compra de partidos. Así lo explica mi lector:

> un equipo le paga a otro para que se deje ganar, una trampa o pagan a jugadores para que hagan lo posible para que su equipo no gane el partido y así sacan ventaja, por ejemplo, los apostadores o, como es el caso de España, para favorecer a un tercero.

Como muy bien señala Antonio, la expresión correcta para referirse a ese caso es «dejarse ganar».

Y, por tanto, «dejarse perder» es que ni siquiera tiene significado, yo no me puedo «dejar perder», me puedo «dejar ganar».

Pues a pesar de la evidente incorrección, esta expresión va cada día a más sin que nadie haga nada por corregirlo. Es un auténtico atentado idiomático.

Estoy totalmente de acuerdo.

Del reino K'iche' a Schweiz pasando por A Coruña

¿Verdad que se ve raro? ¿Por qué no «Del Reino quiché a Suiza pasando por La Coruña»? Si estoy escribiendo español, no tengo por qué escribir los nombres extranjeros en su idioma, ni mucho menos con sus caracteres.

Sé que esto despierta polémica, pero aquí expondré mi postura, que sostengo con razones.

En Guatemala, desde que inició el movimiento de reivindicación de la identidad maya, allá por los años noventa, se ha puesto de moda escribir los nombres de las etnias y de las lenguas mayas utilizando la grafía sugerida por los lingüistas. Así, en lugar de escribir quiché, ahora se escribe *k'iche'*; en lugar de kekchí, *q'eqchi'*, etc. Pero esto no tiene sentido. Si la norma fuera que los nombres extranjeros deben escribirse en su idioma y con sus caracteres, para referirme al griego debería escribir ηλλενικα, y para referirme al chino…, francamente no tengo idea de cómo debería escribirlo.

Algo similar les ha pasado a los españoles. Recuerdo que allá por el año 92 iba de Madrid a Roma, en autobús, y pasamos por *Girona*. (¿debería escribirlo en cursiva, puesto que es una palabra en otro idioma?)Le pregunté a mi compañero de asiento que qué ciudad era esa, y me contestó «Gerona». Gerona sí me sonaba; de *Girona* nunca había oído hablar. Y como los gallegos no han querido quedarse atrás de los catalanes, ahora ellos piden que al puerto de La Coruña se le llama *A Coruña*. Entonces, ya no debemos decir, según ellos, que «Vamos a La Coruña», sino «Vamos a A Coruña». ¡Qué estupidez!

A esos mismos señores habría que corregirlos cuando digan: «Voy a Suiza». «No señor. Debe usted decir que va a *Schweiz*, a *Suisse*, a *Svizzeray* y a *Svizra*, que esos son los nombres oficiales de la confederación helvética».

Desavenencia, no desaveniencia
Un error muy frecuente: decir 'desaveniencia' en lugar de 'desavenencia', que es lo correcto.

desavenencia.

(De des- y avenencia).

1. f. Oposición, discordia, contrariedad.

Deseo que y deseo de que

El complemento directo del verbo «desear» nunca debe ir antecedido de la preposición «de»; de tal forma, no debe decirse, por ejemplo, «deseo de que estés bien», sino «deseo que estés bien» (Fuente: DPD).

Desquebrajado

El jueves oí a un amigo, muy chapín él, decir que alguien se había «desquebrajado». Me hizo gracia, porque de inmediato me imaginé la tragicómica situación de esa persona, algo así como don Quijote después de su enfrentamiento con los molinos.

Lo más curioso del caso es que cuando los chapines decimos desquebrajado, deberíamos decir, según el DRAE, resquebrajado. Pero resquebrajado es algo distinto: significa «hender ligera y a veces superficialmente algunos cuerpos duros, en especial la madera, la loza, el yeso, etc.»

Cuando en Guatemala decimos que alguien se desquebrajó la cara, no queremos decir que se hendió ligera y superficialmente el rostro…; queremos decir que se lo hizo pedazos. Tal vez sea porque asociamos el prefijo des–, que se encuentra en palabras como deshacer, destruir, descomponer, desarreglar, y otras así, con algo malo. De manera que no nos basta con decir que algo se quebró; para darle más énfasis, decimos que se desquebrajó. Casi podemos imaginar al pobre desquebrajado cayendo por la escalera, descoyuntándose las articulaciones, dejando partes por el camino… Humor chapín. Lo cierto es que hay que andarse con cuidados para no resquebrajar el idioma y terminar nosotros desquebrajados.

Devastar y desbastar

Existe «devastar» («destruir un territorio, arrasando sus edificios y asolando sus campos») y «desbastar» («quitar las partes más bastas a algo que se haya de labrar»), pero no «desvastar», como leí esta mañana en la columna de Luis Aceituno

> océanos que se desbordan, vacas que desaparecen, soles rojos, rojísimos, niños famélicos, ciudades **desvastadas**, gente que muere por la peste negra....

Imagino que fue un desliz del periodista, pero aprovecho para hacer el comentario.

Dilación y dilatación

Algunas personas, para referirse a la extensión en el tiempo, o a un retraso, dicen «dilatación», pero la dilatación es el proceso por el que algunos cuerpos (caso típico: los metales) aumentan de longitud, superficie o volumen. Cuando existe una demora o tardanza, se dice «dilación».

Disrupción

He escuchado varias veces la palabra «disrupción». Desde luego, viene del inglés *disruption*, que significa trastorno, interrupción o desbaratamiento, según el contexto. Pero la palabra «disrupción» no existe en nuestro diccionario. Usemos «trastorno», «interrupción» o «desbaratamiento».

Emprendedurismo

Hace algún tiempo que vengo insistiendo en esto, pero como no ha habido manera de que me escuchen, lo repito: traducir *Entrepreneurship* por «emprendedurismo» es incorrecto.

Recuerdo que el 18 de abril de 2008 hice la consulta al Departamento de Español al Día, de la Real Academia, y esto fue lo que amablemente me contestaron:

Para designar la «acción y efecto de emprender» y traducir el término inglés *entrepeneurship*, sobre todo en el contexto empresarial, se ha formado el derivado emprendimiento (no *emprendedurismo, *emprendeduría ni otros similares): «Entre hombres de empresa todo es posible, siempre hay que estar abierto a un nuevo negocio, a cualquier emprendimiento» (J. Andrade *Un solo dios verdadero* [Arg. 1993]); «El Poder Judicial no recibió la partida presupuestaria pertinente para poner en ejecución el proyecto. Añadió que pese a ello el más alto tribunal de la República ha decidido encarar el emprendimiento» (ABC Color [Par.] 20.10.2000).

Se trata de una voz creada correctamente sobre el verbo emprender, pues el sufijo -miento forma en español sustantivos verbales, que suelen significar «acción y efecto de»: debilitamiento, levantamiento, atrevimiento, florecimiento.

Este término no figura en la actual edición del Diccionario académico, pero ya está aprobada su incorporación para la próxima edición del DRAE. Sí lo recoge ya el Diccionario del español actual de M. Seco.

No obstante, según reflejan los textos de nuestras bases de datos, en España resulta raro emplear el derivado emprendimiento. En su lugar, cuando se hace referencia al «efecto de emprender», es decir a la cosa que se emprende, se prefiere el sustantivo empresa, y cuando se alude a la «acción de emprender», se suele optar por el infinitivo del verbo. Por otra parte, en determinados contextos, *entrepeneurship* puede traducirse por expresiones como iniciativa o capacidad/creatividad empresarial.

Reciba un cordial saludo.

Departamento de «Español al día»

Real Academia Española

En base a
Se ha insistido bastante en evitar este error, pero parece que algunos aún no se enteran. No se dice «en base a», sino «con base en».

Enchufe
En Guatemala, algunas personas dicen «enchufle», pero el DRAE no registra esa palabra. Solamente existe «enchufe».

Erre
La decimonovena letra del alfabeto español se llama «erre», no «ere»..

Espureo
«Espurio» es un adjetivo que significa «bastardo», «falso» o «engañoso». Es un error decir «espurio».

Estamos cansados y cansadas de tantos y tantas que abusan del lenguaje y de la lengua
Aunque estoy seguro de que a mis lectores no les importa la corrección política, pero sí la lingüística, quiero insistir en la necesidad de luchar contra la tendencia a hacer explícita la alusión a ambos sexos, que critica claramente la Academia en el *Diccionario Panhispánico de Dudas*. Copio del mismo:

> **Uso del masculino en referencia a seres de ambos sexos**
>
> En los sustantivos que designan seres animados, el masculino gramatical no solo se emplea para referirse a los individuos de sexo masculino, sino también para designar la clase, esto es, a todos los individuos de la especie, sin distinción de sexos: *El hombre es el único animal racional; El gato es un buen animal de compañía*. Consecuentemente, los nombres apelativos masculinos, cuando se emplean en plural, pueden incluir en su designación a seres de uno y otro sexo:

Los hombres prehistóricos se vestían con pieles de animales; en mi barrio hay muchos gatos (de la referencia no quedan excluidas ni las mujeres prehistóricas ni las gatas). Así, con la expresión *los alumnos* podemos referirnos a un colectivo formado exclusivamente por alumnos varones, pero también a un colectivo mixto, formado por chicos y chicas. A pesar de ello, en los últimos tiempos, por razones de corrección política, que no de corrección lingüística, se está extendiendo la costumbre de hacer explícita en estos casos la alusión a ambos sexos: «*Decidió luchar ella, y ayudar a sus compañeros y compañeras*» (*Excélsior* [Méx.] 5.9.96). Se olvida que en la lengua está prevista la posibilidad de referirse a colectivos mixtos a través del género gramatical masculino, posibilidad en la que no debe verse intención discriminatoria alguna, sino la aplicación de la ley lingüística de la economía expresiva; así pues, en el ejemplo citado pudo —y debió— decirse, simplemente, *ayudar a sus compañeros*. Solo cuando la oposición de sexos es un factor relevante en el contexto, es necesaria la presencia explícita de ambos géneros: *La proporción de alumnos y alumnas en las aulas se ha ido invirtiendo progresivamente; En las actividades deportivas deberán participar por igual alumnos y alumnas*. Por otra parte, el afán por evitar esa supuesta discriminación lingüística, unido al deseo de mitigar la pesadez en la expresión provocada por tales repeticiones, ha suscitado la creación de soluciones artificiosas que contravienen las normas de la gramática: *las y los ciudadanos*.

En relación con esto, les copio este gracioso (y juicioso) texto, que me envió Helmuth Bech:

¿Presidente o presidenta?

En español existen los participios activos como derivados verbales.

El participio activo del verbo atacar, es atacante.

El de sufrir, es sufriente.

El de cantar, es cantante.

El de existir, existente.

¿Cuál es el participio activo del verbo ser?

El participio activo del verbo ser, es «ente».

El que es, es el ente.

Tiene entidad.

Por ese motivo, cuando queremos nombrar a la persona que denota capacidad de ejercer la acción que expresa el verbo, se le agrega al final «ente».

Por lo tanto, la persona que preside, se le dice presidente, no presidenta, independiente del género (femenino o masculino) que tenga.

Se dice capilla ardiente, no ardienta.

Se dice estudiante, no estudianta.

Se dice adolescente, no adolescenta.

Se dice paciente, no pacienta.

Se dice comerciante, no comercianta

La Sra. Cristina Fernández de Kirchner, no solo hace un mal uso del lenguaje por motivos ideológicos, sino por ignorancia de la gramática de la lengua española.

Y ahora en Venezuela, con el decadente Socialismo, también la bestia de presidente que tenemos, hace uso de estas barbaridades.

Caso contrario en Chile, donde lo aplican bien: la Sra. Bachelet es presidente.

Pasemos el mensaje a todos nuestros conocidos latinoamericanos, con la esperanza de que llegue a la Casa Rosada y a Miraflores, para que esos ignorantes e iletrados usen bien la lengua castellana.

Un mal ejemplo sería:

La pacienta era una estudianta adolescenta sufrienta, representanta e integranta independienta de las cantantas y también atacanta, y la velaron en la capilla ardienta existenta.

Qué mal suena ahora Presidenta, ¿no?

Es siempre bueno aprender de qué y cómo estamos hablando....

Además, en lugar de: El perro es el mejor amigo del hombre,

Para qué diablos decir: El perro y la perra, son los y las mejores y mejoras amigos y amigas, del hombre y de la mujer.

Bien bueno está esto y esta; para que las socialistas y los socialistos, de una vez por todas y todos aprendan y aprendon y dejen de marearnos y marearnas a los hombres y mujeres y nos permitan y nos permiton regresar a nuestro y nuestra nivel lingüístico y lingüística, ya que hemos sido y sidas muy pacientes y pacientas hasta ahora y hasta ahoro.

Saludos y saludas y besitos y besitas.

Atentamente,

W. Molina, Licenciado en castellano y Literatura y no en castellana y Literaturo.

Solamente añado que, para nuestro pesar, «presidenta» sí es admitido en el DRAE. ¿Por qué? Consultando este asunto a don Amable Sánchez Torres, miembro de la Academia Guatemalteca de la Lengua, me decía que esto se debe a «un largo y lento proceso de degradación y de presiones. El idioma no es una piedra». En suma, si queremos hablar bien, debemos decir «la juez», «la presidente».

Expandir, no expander
Posiblemente por su proximidad fonética y conceptual con «extender« algunas personas dicen «expander» en lugar de «expandir», que es lo correcto.

Factible y posible
«Factible» y «posible» no tienen el mismo significado: «factible» es un adjetivo que significa «que se puede hacer», mientras «posible» se usa para algo «que puede ser o suceder».

Femicidio
En Guatemala se está extendiendo el uso del término «femicidio» para referirse al asesinato de mujeres. Ese término no existe en el diccionario, y por una buena razón.

Cuando se asesina a una mujer se comete un homicidio, pues homicidio significa asesinato de un *homo sapiens*, y las mujeres pertenecen a esta especie, al igual que los hombres. «Femicidio», pues, no es antónimo de homicidio. En todo caso, lo sería de «masculinicidio». Pero los géneros gramaticales no se asesinan.

Flete
Pasé esta mañana por un lugar donde «se hacen fletes». En Guatemala, entendemos que esto quiere decir que podemos alquilar un vehículo para que transporte nuestros enseres, generalmente para una mudanza.

Ahora bien, «flete» significa el precio del alquiler de un medio de transporte, o bien la carga que se transporta por mar o por tierra

(DRAE). No es correcto, por tanto, decir «se hacen fletes». En su lugar, debería decirse «se alquila para mudanza».

Fuegos pirotécnicos

Los espectáculos de cohetes y luces artificiales son juegos pirotécnicos (piro = fuego), no fuegos pirotécnicos. «Fuegos pirotécnicos» quiere decir algo así como «fuegos con la técnica del fuego».

Fuistes, vinistes

Carlos Parellada me pregunta:

> ¿Qué comentarios nos das sobre fuistes o vinistes? Aun en los momentos en que la gente está leyendo en público y el texto dice fuiste, ellos pronuncian fuistes... ¿Será que esto viene del castellano, fuisteis o vinisteis?

Esas formas (verbos en presente de indicativo de la segunda persona singular, añadiendo ese), son resabios del voseo: «vos vinisteis», «vos fuisteis», que con el tiempo dio «vos vinistes», «vos fuistes». La evolución natural de la lengua lleva a hacer coincidir la conjugación, ya sea que se emplee el pronombre «tú» o «vos», de manera que lo correcto, ahora, es «viniste, fuiste».

Girar instrucciones

En Guatemala se usa mucho la expresión «girar instrucciones». Por ejemplo, se dice «solicitamos que gire sus instrucciones a quien corresponda». Ese uso de «girar» no está registrado en el Diccionario; sería mejor decir, simplemente, «dar instrucciones»: «solicitamos que dé las instrucciones a quien corresponda».

Hubieron: ¿batalla perdida?
No hay manera: la gente sigue diciendo «hubieron muchos casos», «habían muchos vendedores», y expresiones así. Sabemos que lo correcto es «hubo muchos casos», o «había muchos vendedores».

¿La razón? Muy simple: el verbo haber va en singular cuando se trata del verbo en forma impersonal: «hay, había, hubo o habrá 1000 choques». Pongámoslo al revés. Alguien pregunta: ¿hubieron muchos choques?, y le responden: «los hubo».

De todas formas, me pregunto si no es un cambio radical en la evolución del idioma.

Infligir e infringir
«Inflingir» no existe en español. Existen «infringir» e «infligir».

«Infringir» significa violar o desobedecer leyes u órdenes; «infligir» (del latín *infligere*, «herir», «dañar») significa causar daño o imponer un castigo.

Ingenieros «eléctricos»
La manera correcta de referirse a los ingenieros que son expertos «en aplicaciones técnicas y mecánicas de la electricidad» (DRAE) es **ingenieros electricistas**, no eléctricos, como les llaman algunos.

Un ingeniero eléctrico sería aquel

    1. adj. Que tiene o comunica electricidad

    2. adj. Que funciona mediante ella.

Kmts.
Las abreviaciones de las unidades de medida (*m, km, g, l,* etc.) y las de los nombres de los libros de la Biblia (*Gn, Ex, Lv,* etc.) son

símbolos, no abreviaturas; por eso se escriban sin punto (*Diccionario Panhispánico de Dudas*). De ahí que para escribir, por ejemplo, cinco metros, se debe poner: 5 m (con minúscula, sin punto); diez kilómetros: 10 km; seis litros: 6 l; veinte gramos: 20 g, etc. Solo en el caso de litro se admite usar una ele mayúscula, para evitar que se confunda con el número uno.

La lista completa de símbolos alfabetizables se puede consultar en la siguiente dirección: http://www.rae.es/diccionario-panhispanico-de-dudas/apendices/simbolos-alfabetizables.

Listado y lista

El 21 de septiembre de 2009, dos de los principales periódicos de Guatemala se referían al «listado» que la Comisión de Postulación entregaría al Congreso de la República. «Listado» es algo que tiene listas, o bien, cuando se refiere a una persona, la que está alistada o escrita en una lista. Pero la comisión no entregó un conjunto de listas, ni a una persona: entregó una simple lista.

Recordemos que aún existe la palabra «lista». No hay por qué sustituirla por «listado».

Los talibanes

Prensa Libre de hoy informa que «Italia niega haber sobornado al Talibán» (p. 50). Desde que se empezó a hablar de este grupo, me pregunté por qué la prensa se refería a ellos en singular. ¿Por qué no «Italia niega haber sobornado a los talibanes»?

El DPD ya recoge este caso. Dice al respecto:

talibán -na.1. «De cierta milicia integrista musulmana». Aunque en el dialecto del persa que se habla en Afganistán la formas *talibanes* plural (singular *talib*), esta voz se ha acomodado ya a la morfología española y se usa *talibán* para el singular y *talibanes* para el plural: «*El líder talibán estaba rodeado por las fuerzas que negociaban su rendición*» (*Prensa* [Nic.] 7.1.02); «*Los talibanes impusieron la ley islámica a la población*» (*Universal* [Ven.] 15.10.96). Se desaconseja el plural invariable *los talibán*.

Posiblemente los periodistas dicen «el Talibán» como una forma de contracción, queriendo significar «el grupo talibán». Pero es una incorrección. En la noticia a la que me refiero, leo: «Según *The Times*, Italia habría pagado "decenas de miles de dólares" a comandantes y cabecillas del Talibán..."». Debe decirse: «...a comandantes y cabecillas del grupo talibán», o bien, «a comandantes y cabecillas de los talibanes» (por cierto, en ambos casos con minúscula).

Metodología

Algunas personas usan «metodología» donde deberían emplear «método». Por ejemplo: «la metodología que vamos a seguir en este caso...». En sentido estricto, «metodología» es el estudio o la ciencia del método.

Aunque el DRAE acepta la acepción de «metodología» como «conjunto de métodos que se siguen en una investigación científica o en una exposición doctrinal», es preciso distinguir: si queremos referirnos al método o camino que vamos a emplear para resolver un problema, digámoslo así: método. Si nos estamos refiriendo a un conjunto de métodos o a la ciencia del método, digamos, entonces, metodología.

Nivel y piso

Algunas personas dicen nivel para referirse a las superficies horizontales de las que consta un edificio. Este uso de nivel no está registrado en el DRAE, ni siquiera como americanismo, de manera que debemos decir piso: quinto piso, sexto piso, etc.

Números y letras

En el suplemento del *New York Times* de *Prensa Libre* del 29 de enero de 2012 leí la siguiente frase: «el costo, incluidos los materiales, de fabricar una computadora de US$1 mil 500 en Elm Grove era de US$22 por máquina». Me parece una mala costumbre mezclar números y letras. ¿Por qué no escribieron, sencillamente, «US$1 500», o «mil quinientos dólares»?

Por cierto, la normativa actual dice que

> «solo se emplee un espacio en blanco para separar los grupos de tres dígitos en los números de cuatro cifras. De este modo, cualquier signo que aparezca en una cifra, sea el punto o la coma, solo podrá interpretarse como marcador decimal» (*Ortografía de la lengua española*, 2010, 2.2.1.1, Los números enteros y el separador de decimales). Esta normativa plantea problemas para los notarios, pues es fácil imaginar que en el espacio entre grupos de tres números se podría agregar un dígito, lo cual cambiaría la cantidad (de dinero o de cualquier unidad).

Pero la Academia insiste en que

> No deben utilizarse el punto ni la coma para separar los grupos de tres dígitos en la parte entera de un número. Para ello solo se admite hoy el uso de un pequeño espacio en blanco.

Obsesiones y fobias

En el canal de la *National Geographic* están anunciando un nuevo programa, al que llaman «Obsesión: vivir con miedo». Por favor: todos sabemos que la obsesión no tiene nada que ver con el miedo. En todo caso, pudieron haber puesto «Fobias: vivir con miedos». Estos canales están destrozando nuestra lengua.

Penalidad y penalización

«Penalidad» y «penalización» son dos sustantivos diferentes. Mientras que el primero significa «trabajo aflictivo, molestia, incomodidad», el segundo es la acción y efecto de penalizar, es decir, de imponer una sanción o castigo. De manera que la multa que las aerolíneas imponen por cambiar la fecha de salida o de retorno de un vuelo, se debe llamar «penalización» y no «penalidad».

Pingüe y deleznable

Dos incorrecciones de léxico en *El Periódico* de hoy: la primera, en la columna de Jacques Seidner: «¿y todo ello para el pingüe resultado que se obtuvo?». Seidner seguramente quería decir «insignificante», «de escaso valor», pero «pingüe» significa

1. adj. Craso, gordo, mantecoso.

2. adj. Abundante, copioso, fértil.

El segundo: se informa que el presidente Calderón de México condenó el asesinato de la familia de un marino como «un acto cobarde y deleznable». Pero deleznable significa:

1. adj. Despreciable, de poco valor. [«Despreciable» en el sentido de algo que merece poco aprecio, por ser de poco valor.]

2. adj. Poco durable, inconsistente, de poca resistencia.

3. adj. Que se rompe, disgrega o deshace fácilmente.

4. adj. Que se desliza y resbala con mucha facilidad.

Polvareda

En Guatemala muchas personas dicen «polvazón» o incluso, como oí esta mañana, «polvajal». Lo correcto, sin embargo, es «polvareda».

Portabilidad

Leo en un artículo en la red: «El *Data Liberation Front* de Google y la portabilidad de datos». Dejando un lado el hecho de que en esa frase casi no se reconoce el español, me llama la atención la palabra «portabilidad».

«Portabilidad» procede de «portable», un adjetivo morfológicamente correcto, pero la Academia nos aconseja usar «portátil», por tener más tradición en español.

¿Qué palabra debe emplearse en lugar de «portabilidad»? Sencillamente, «movilidad».

Predecibilidad

No se dice «predicibilidad» ni «predecibilidad», sino «predictibilidad». «Predictibilidad» deriva del adjetivo «predictible», que es lo mismo que «predecible», de ahí la incorrección.

Prestar y pedir prestado

En Guatemala se da una lamentable confusión con el verbo «prestar»: se utiliza tanto para significar que se da en préstamo como para indicar que se recibe en préstamo. De nuevo, el *Diccionario Panhispánico* nos presta una gran ayuda:

> **prestar**. Entre sus significados transitivos está el de «entregar [algo] a alguien para que lo utilice temporalmente y después lo restituya»: *«El que tenía el pie más pequeño [...] me prestó sus botas para que saliera»* (Orúe/Gutiérrez *Fútbol* [Esp. 2001]). El sujeto de *prestar* es la persona que entrega lo prestado, no la que lo recibe, de ahí que sean incorrectos ejemplos como el que sigue, en el que *prestar* se emplea erróneamente con el sentido de "pedir o tomar prestado": *«Aparte del apoyo de la familia, nos vemos obligados a prestar dinero por varios lados o a pedir pequeños*

adelantos para ir cubriendo las necesidades básicas» (*Prensa* [Guat.] 18.1.97).

No es correcto, por lo tanto, decir «presté Q100 a Fulano» para indicar que «pedí en préstamo». Si digo que presté, es que entregué, no que recibí. (Observe que el ejemplo de incorrección citado arriba procede de Guatemala.)

Prever, no preveer

Algunas personas dicen «preveer» (como en «preveer el futuro» o «preveer las consecuencias») cuando no hay ninguna razón para agregar una «e» al verbo que significa «ver con anticipación». Prever se conjuga como ver, de manera que no es «prevee» sino «prevé».

Procrastinar, no procastinar

Esta palabra no se escuchaba mucho en nuestra lengua, pero ahora, como todo nos viene a través del inglés, se ha puesto de moda. Procede originalmente del latín *procrastinare*, cuya raíz es el adverbio *cras* (mañana). Se dice, por lo tanto, procrastinar, y no *procastinar. Significa diferir o aplazar.

Prospectos

Hay quienes se refieren a los posibles clientes como «prospectos», pero ninguna de las acepciones de esta palabra coincide con el significado que ellas pretenden. «Prospecto» es:

1.m. Papel o folleto que acompaña a ciertos productos, especialmente los farmacéuticos, en el que se explica su composición, utilidad, modo de empleo, etc.

2.m. Exposición o anuncio breve que se hace al público sobre una obra, un escrito, un espectáculo, una mercancía, etc. (DRAE).

Quedamos de juntarnos...

¿Se han dado cuenta de que en Guatemala decimos «quedamos de...»? Lo correcto, sin embargo, es «quedar **en** (algo)».

Esto es lo que dice el DRAE al respecto:

> "**Quedar**". **7.** intr. Ponerse de acuerdo, convenir en algo. *Quedamos EN comprar la finca.*

Retroalimentación

El sustantivo «retroalimentación» (traducción del inglés *feedback*) no existe en el Diccionario de la Lengua Española, y tampoco existe alguna discusión o aclaración sobre su uso en el *Diccionario Panhispánico de Dudas*. Creo que se puede sustituir, en la mayoría de casos, por «comentario» o «crítica». Por ejemplo: en lugar de «denos retroalimentación sobre nuestro trabajo», «comente o critique nuestro trabajo».

Saga

Lo leí el 12 de febrero de 2010 en una valla publicitaria: «Tom Cruise continuará la saga de Misión Imposible».

Saga significa:

> **1.** f. Cada una de las leyendas poéticas contenidas en su mayor parte en las dos colecciones de primitivas tradiciones heroicas y mitológicas de la antigua Escandinavia.
>
> **2.** f. Relato novelesco que abarca las vicisitudes de dos o más generaciones de una familia.

La acepción que más se acerca a lo que los publicistas quieren decir es la segunda; pero está claro que, en este caso, «saga» está mal empleada, pues esa película no trata de ninguna familia.

¿Que debieron haber puesto? Tal vez: «Tom Cruise repetirá en la cuarta entrega [o en la cuarta parte] de *Misión Imposible*».

Traer y llevar

En Guatemala, algunas veces confundimos los verbos traer y llevar. Así, por ejemplo, no es extraño escuchar a alguien decir «vengo a traerte», cuando llega a la casa de alguien más con la intención de *llevarlo* a otro lugar. Si decimos «vengo a traerte», lo lógico sería preguntar «¿qué me traes»? Lo correcto, entonces, es «vengo a llevarte a... (tal lugar)».

Tropa y tropas

Escuché hoy en Radio Francia Internacional que Obama pretende enviar 30,000 tropas más a Afganistán. Vaya. Si cada tropa tiene unos 1,000 soldados, estará enviando treinta millones.

En español, «tropa» es un conjunto de cabos y soldados. Por lo que entiendo, también *troop* en inglés designa a un grupo (la raíz común a ambas palabras es el término francés *troupe*, grupo). No sé en qué momento los periodistas empezaron a hablar de «miles de tropas», para referirse a «miles de soldados».

Tutorizar

No existe la palabra tutorizar. Si tutor es la persona que ejerce la tutela, el verbo correspondiente debe ser «tutelar». Y si por tutor estamos entendiendo la «persona encargada de orientar a los alumnos en un curso o asignatura», el verbo deber ser «orientar».

Undécimo, duodécimo, decimotercero...

Al parecer, hace mucho tiempo que no enseñan la manera correcta de nombrar los números ordinales. La gente sabe contar hasta décimo, y luego, dicen «onceavo», «doceavo», «treceavo»... Los que se cuidan más, dicen «décimo primero», «décimo segundo»... A pesar de que el *Diccionario Panhispánico de Dudas* admite «decimoprimero» (o «décimo primero») y «decimosegundo» (o décimo segundo), es mejor atenerse a la norma culta, y decir: undécimo, duodécimo, decimotercero...

Versus
Copio del *Manual del español urgente* (www.fundeu.es):

> «VERSUS» / VERSUS. Ni en español, ni en francés, ni en el propio latín tiene versus la acepción que se le da en inglés, sino que más bien quiere decir hacia, en dirección a. En español se puede reemplazar, según los casos, por contra, frente a, en comparación con, en función de, o por un simple guión: «partido Argentina-Brasil».

Muy claro, ¿cierto?

Latín, locuciones latinas

Ad honorem y pro bono
Tengo la impresión de que la locución *ad honorem* está siendo desplazada, por influjo del inglés de las películas, por *pro bono*. Aunque de significado similar, estas expresiones no son equivalentes.

Ad honorem es el cargo que se desempeña por razones puramente honoríficas, sin que medie retribución alguna. *Pro bono* (la locución completa es *pro bono publico*, es decir, «por el bien público») es el trabajo que se asume de forma voluntaria, como un servicio a la comunidad. Está implícito que no es retribuido.

Ambas expresiones son correctas y casi intercambiables, pero notemos los matices: *ad honorem* implica que alguien es llamado a desempeñar un cargo; *pro bono publico* da a entender una labor que alguien emprende por el bien de la comunidad. Se entiende por qué cada cultura eligió la frase que más se adecuaba a su manera de ser: la latina, a los cargos honoríficos; la anglosajona, a las iniciativas ciudadanas.

Cármina Burana
Carmina es una palabra latina esdrújula. La cantata de Carl Orf, por lo tanto, debe pronunciarse Cármina Burana, y no Carmina Burana.

Habemus papam
¿Qué significa la frase «habemus papam»? ¿Por qué se dice *papam* y no *papa*?

La frase latina *habemus papam* significa «tenemos papa». *Habemus* es la primera persona plural, tiempo presente, del modo indicativo, del verbo *habeo* (tener); significa, por lo tanto, «tenemos». Se dice *papam* y no *papa* porque es el objeto o complemento directo del verbo, y por lo tanto va en caso acusativo. En latín, las terminaciones o sufijos de los sustantivos indican su función gramatical. Así, *papa*, en caso nominativo, cumple la función de sujeto; *papae*, en modo genitivo, significa «del papa», y también «papas» (nominativo plural). Para indicar que el sustantivo recibe la acción del verbo se emplea el caso acusativo. Los sustantivos de la primera declinación (como el caso del sustantivo «papa»), forman el acusativo agregando -m a la raíz. Así, por ejemplo, para decir «tengo una mesa», en latín se pone *tabulam habeo*, o *habeo tabulam* (*tabula* está en nominativo, *tabulam* en acusativo).

Ipso facto

Esta expresión latina significa literalmente «por el hecho mismo», pero con el tiempo ha llegado a significar «inmediatamente». Aunque el DRAE admite estos dos significados, conviene conocer la diferencia, y saber que si alguien dice, por ejemplo, «Fulano secuestró a un joven; dos años más tarde, *ipso facto*, fue arrestado», no estaría cometiendo ningún error. Aquí, *ipso facto* no significa que «inmediatamente» fue arrestado, sino por aquel hecho del secuestro que había cometido dos años atrás.

La data

Con cierta frecuencia he escuchado la expresión «la data». Por ejemplo, en oraciones como: «No tenemos suficiente data como para sacar conclusiones», «hay que analizar la data», y otras así. Está claro que es totalmente innecesario emplear esa palabra latina, que está bien formada, pues es un sustantivo neutro plural. Demos decir, simplemente, «datos».

De nuevo, es un fenómeno que se debe a la influencia del inglés, donde sí queda bien presumir de que saben un poco de latín.

Nosotros no tenemos que presumir de ello, pues nuestra lengua es el latín del siglo XXI.

Motu proprio
Leído en *Prensa Libre* del 21 de febrero de 2013:

El papa Benedicto XVI podría publicar un decreto llamado Motu Propio (movimiento propio), para adelantar la celebración del cónclave de un nuevo pontífice después de que deje el papado el 28 de febrero, informó ayer el portavoz del Vaticano.

La expresión latina correcta es *motu proprio*, no **motu propio*. Cf., DRAE:

> motu proprio.
>
> (Loc. lat.; literalmente, 'con movimiento propio').
>
> 1. loc. adv. Voluntariamente; de propia, libre y espontánea voluntad.
>
> 2. m. Bula pontificia o cédula real expedida de este modo..

Motu proprio, no motu propio ni de motu propio
Un caso semejante al otro que comentaba (*procrastinar*) lo constituye la expresión latina *motu proprio*. No se dice *motu propio*, ni *de motu propio*, sino *motu proprio* (observe la segunda sílaba: -*prio*). Esta expresión —ya en desuso, pero registrada en el DRAE— significa «voluntariamente; de propia, libre y espontánea voluntad». Literalmente: «con movimiento propio».

Léxico

¿Se puede aperturar una cuenta bancaria o un ciclo escolar?
Por Rosa Mendoza de Hernández

La palabra *aperturar* no está registrada en el DRAE. Sin embargo, en el lenguaje bancario es frecuente encontrar expresiones como:

*Aperturar una cuenta bancaria, en lugar de *abrir una cuenta bancaria.*

También en el lenguaje periodístico pueden encontrarse expresiones como:

**«Aperturan ciclo escolar 2010- 2011»* (T*uxtepecano*.com 20.1.2011)

Según el DPD, el uso de *aperturar* como equivalente del verbo *abrir* no está justificado y debe evitarse.

Fuente: *Diccionario panhispánico de dudas.* Madrid: Real Academia Española, 2005.

¿Whisky, wiski, o güisqui?
Por Rosa Mendoza de Hernández

La palabra whisky fue incorporada al DRAE en el año 1992. Pero, como resultado del deseo de acomodar el extranjerismo *whisky* a la ortografía del español, en ese mismo año se incorporó a nuestro idioma la grafía *güisqui*.

El DRAE presenta la siguiente definición en su versión actual en línea:

> güisqui.
>
> (Del ingl. whisky, y este del gaélico uisce beatha, agua de vida).

1. m. Licor alcohólico que se obtiene del grano de algunas plantas, destilando un compuesto amiláceo en estado de fermentación.

El DPD también registra la grafía *güisqui* y su plural *güisquis*.

Sin embargo, la forma *güisqui* no ha cuajado en el uso y ha provocado rechazo en muchos hablantes, a pesar de contar con documentación literaria, tal como esta cita tomada del CREA:

> Y allí, agazapado detrás de una columna, Txomín, Txomín en persona, apuraba su güisqui con aire de consternación.

En vista del rechazo de los hispanohablantes hacia la grafía güisqui, la *Ortografía de la lengua española* (p. 86) considera más oportuno utilizar la forma adaptada wiski por ser más etimológica, al conservar la w y la k del término inglés whisky que le da origen.

En conclusión, podemos optar por utilizar cualquiera de las tres formas de escritura: *whisky,* güisqui o wiski, pero si elegimos escribir el extranjerismo whisky tenemos que hacerlo con resalte tipográfico (cursivas o redondas según el tipo de letra utilizada en el texto donde esté incluido). Aún más, en este último caso, sería aceptable también escribir whiskey, como es usual en Irlanda.

Fuentes:
Asociación de Academias de la Lengua Española. *Ortografía de la lengua española*. España: 2010.
Real Academia Española. *Diccionario panhispánico de dudas*. Colombia: Santillana Ediciones Generales, 2005.
Real Academia Española: *Banco de datos (CREA) [en línea]. Corpus de referencia del español actual.* <http://www.rae.es> [30/01/2013].

Iba a darme un adarme

El mesero iba a darme un adarme de arroz, pero yo le pedí más. Es decir: el mesero iba a darme una «**2.** m. Cantidad o porción mínima de algo» (DRAE), pero yo le pedí más.

Bonita palabra esta. Procede del hispano árabe y era una unidad de medida.

A porfía
Porfiar es

> 1. intr. Disputar y altercar obstinadamente y con tenacidad.
>
> 2. intr. Importunar repetidamente con el fin de conseguir un propósito.
>
> 3. intr. Intentar con tenacidad el logro de algo para lo que se encuentra resistencia. Porfiar en abrir la puerta.

Ahora bien, la expresión «a porfía» (¿recuerda aquel canto a la Virgen: «venid y vamos todos/ con flores a porfía…»), significa algo un tanto diferente:

a porfía.

> 1. loc. adv. Con emulación, a competencia.

Según esto, el verso «con flores a porfía» significaría «compitiendo con flores». Usted, ¿cómo lo interpreta?

Acceder, no accesar
Me escribe Donald Leiva:

> (…) en la radio y artículos he escuchado la palabra «accesar» como por ejemplo en «accesar a la información». Según yo lo correcto es acceder, pero lo he escuchado tanto que ya no estoy seguro.

Donald está en lo correcto. La palabra que debemos emplear en este caso es «acceder». Accesar ni siquiera existe en español. Existe «acceso», y tal vez de ahí se inventaron el verbo accesar, pero para eso ya tenemos acceder, que significa

> 4. intr. Tener acceso a una situación, condición o grado superiores, llegar a alcanzarlos.

Una de esas situaciones puede ser la información, o la cuenta de correo electrónico de uno. De manera que acostumbrémonos a acceder a nuestra cuenta.

Almágana, almádana y almádena

En Guatemala, muchas personas llaman «almágana» al mazo de hierro con mango largo, para romper piedras. Mi amigo Ramón me hizo ver esta mañana que lo correcto es «almádana»; en realidad, la Academia prefiere «almádena».

Anécdotas

De acuerdo con la segunda acepción del término anécdota, podría decirse «me sucedió tal o cual anécdota». En efecto, el DRAE dice que «anécdota» puede ser un «suceso curioso y poco conocido, que se cuenta en dicho relato». Pero ese uso no es el normal. Cuando nos referimos a una anécdota, generalmente entendemos que estamos hablando de un «relato breve de un hecho curioso que se hace como ilustración, ejemplo o entretenimiento». Es preferible, por lo tanto, decir «les voy a contar una anécdota», y no «me sucedió una anécdota».

Atemporal, intemporal

Atemporal e intemporal tienen el mismo significado, pero el DRAE remite atemporal a intemporal, lo cual quiere decir que esta última forma es la más usual.

Audición
Por extraño que nos parezca, y por mucho que se note el influjo del inglés, una audición, en español, aparte de ser «acción de oír» y «concierto o recital», también es una «prueba que se hace a un cantante, a un músico, etc., para valorar sus cualidades» (DRAE).

Brahmín o brahmán
Al miembro de la primera de las cuatro castas tradicionales de la India se le puede llamar brahmín o brahmán, pero es más usado brahmán.

Coctel
Se puede decir coctel o cóctel («bebida compuesta de una mezcla de licores a la que se añaden por lo común otros ingredientes»).

Conciencia y consciencia
Para referirse al «conocimiento inmediato que el sujeto tiene de sí mismo, de sus actos y reflexiones» puedo escribir consciencia o conciencia. Sin embargo —y esto es lo interesante— para referirme al «conocimiento interior del bien y del mal» debo escribir «conciencia». También es interesante notar que no existe «inconciente», sino solamente «inconsciente», que significa

> **1.** adj. Que no se da cuenta del alcance de sus actos.

> **2.** adj. Que está privado de sentido.

> **3.** m. *Psicol.* Sistema de impulsos reprimidos, pero activos, que no llegan a la conciencia.

Conexar

Por Rosa Mendoza de Hernández

En algunas noticias periodísticas del país llama la atención el uso de la palabra conexar, con el sentido de relacionar, conectar o establecer una conexión.

A continuación, unos ejemplos:

> La fiscalía investiga 2 denuncias interpuestas por la IVE que datan de 2006 y 2009, las cuales han logrado conexar 7 empresas constructoras con familiares y allegados del jefe edil.

> El MP pide conexar caso de quema de embajada con asesinatos de estudiantes.

Es de hacer notar que el verbo conexar no se encuentra registrado ni el DRAE, ni en el DPD. Tampoco en el *Diccionario del español actual* de Manuel Seco. Por lo tanto, debe ser usado con precaución o debe evitarse.

Posiblemente, dicho uso deriva de suponer erróneamente que conexar es el infinitivo de conexo, xa que el DRAE define como:

> conexo, xa
>
> (Del lat. connexus, part.pas. de connectere, unir).
>
> 1. adj. Dicho de una cosa: Que está enlazada o relacionada con otra.
>
> 2. adj. Der. Dicho de varios delitos: Que por su relación deben ser objeto de un mismo proceso.

También es posible que *conexar* sea un calco del verbo francés de la Edad Media connexer que significa unir.

Todavía falta que la Academia se pronuncie al respecto del uso de *conexar*.

Mientras tanto, sería preferible decir:

> El MP pide conectar (o relacionar) caso de quema de embajada con asesinatos de estudiantes.

Fuentes:
Grupo de Investigación. "Investigan Lavado De Dinero." El Periódico [Guatemala] 4 Oct. 2012, Nación: 5 sec.: 5.
García, Jody. "JUICIO: Rigoberta Menchú Se Presenta a Apertura Contra García Arredondo MP Pide conexar caso fe quema de Embajada con Asesinatos de estudiantes." La Hora [Guatemala] 27 Apr. 2012.
http://www.micmap.org/dicfro/chercher/dmf/connexer.

Crepe, crepa

Crepa y crepe son las adaptaciones al castellano de la voz francesa crêpe, «tortita frita en sartén, hecha de harina, huevo y leche» (DPD). Aún no son reconocidas por el DRAE, pero supongo que no tardarán en serlo. Al respecto, el Diccionario Panhispánico de Dudas dice lo siguiente:

> crepe. 1. Voz tomada del francés crêpe, 'tortita frita en sartén, hecha de harina, huevo y leche'. Su plural es crepes (→ plural, 1a). Es válido su uso en ambos géneros, aunque se recomienda mantener el género femenino etimológico: «De postre es casi una obligación elegir las crepes» (Dios Miami [Arg. 1999]); «Haz la crema para los crepes mezclando bien todos los ingredientes» (Arguiñano Recetas [Esp. 1996]). No debe confundirse con el sustantivo masculino crepé ('tejido y goma rugosos'; → crepé). También es válida, aunque se usa menos, la adaptación crep (pl. creps; → plural, 1h), basada en la pronunciación del étimo francés. En países como México, el Ecuador o Colombia se

usa también la variante crepa, que es siempre femenina. En varios países de América, especialmente en el Cono Sur, se emplea más habitualmente el término masculino panqueque (adaptación del ingl. *pancake*).

No sé si lo que se afirma al final (que en varios países del Cono Sur no se distingue entre panqueque y crepa) sea cierto, pero sí puedo afirmar que en México y Centroamérica el panqueque es distinto de la crepa (el panqueque es más grueso, y se hace con otro tipo de harina).¿Cómo mejorar, entonces, la redacción de la noticia? Bastaría con poner: «El presidente venezolano se reunió con el español, José Luis Rodríguez Zapatero, en el palacio presidencial».

Chincheta
En Guatemala no utilizamos esta palabra, pero está perfectamente definida en el DRAE:

> 1. f. Clavo pequeño, metálico, de cabeza circular y chata y punta acerada, que sirve para asegurar el papel al tablero en que se dibuja o calca, o para otros fines parecidos.

Algunas personas se referirán a las chinchetas como «pines», pero no es lo mismo. Un pin puede ser

(Del ingl. pin).

1. m. Insignia o adorno pequeño que se lleva prendido en la ropa.

2. m. Electr. Cada una de las patillas metálicas de un conector multipolar.

3. m. Am. **bolo** (‖ trozo de palo labrado).

De los verbos rebosar y rebozar, y una receta para la felicidad
Por Rosa Mendoza de Hernández

Según el DPD, los hablantes seseantes (los que pronunciamos las letras *ce* ante *e, i* , y *zeta* con el sonido que corresponde a la letra *ese*) somos proclives a confundir los verbos **rebosar** (derramarse por encima de los bordes del recipiente que lo contiene) y **rebozar** (cubrir un alimento con harina, huevo, chocolate, etc.).

Por eso, debemos tener presente que comer un postre **rebozado** de chocolate —dadas las propiedades euforizantes de este último— es bueno para sentirse **rebosante** de felicidad.

Descompuesto
En Guatemala y en otros países de Hispanoamérica decimos que un aparato «se descompuso», para indicar que se averió. En España se dice que un aparato se avería o se estropea, pero no que se descompone, pues suena como si fuera un organismo que entra en estado de putrefacción. A pesar de todo, el DRAE no indica que este uso del verbo descomponer sea propio de América. En suma, da igual decir «mi radio se descompuso» que «mi radio se estropeó».

Diantres
«Diantre» es un eufemismo para referirse al diablo. Decir, por ejemplo, «¿qué diantres está haciendo?», es como decir «¿qué diablos está haciendo?».

diantre.

1. m. coloq. eufem. diablo (|| príncipe de los ángeles rebelados).

diantre, o diantres.

1. interjs. coloqs. diablo..

Diplomado y diplomatura

En Guatemala y en varios países de Hispanoamérica llamamos «diplomado» al programa académico que confiere un diploma, pero según el DRAE, «diplomado» es **la persona** que ha obtenido un diploma. El «grado universitario que se obtiene tras realizar determinados estudios de menor duración que la licenciatura» (DRAE) es una **diplomatura**. Si hacemos la analogía con «licenciado»/«licenciatura», la posición de la Academia tiene sentido. Así como un licenciado es quien ha estudiado una licenciatura, un diplomado es quien ha cursado una diplomatura.

Disputación

Se puede decir «disputación», pero la Academia nos recomienda que digamos «disputa».

Gasolinería

Según la Academia, el establecimiento donde se vende gasolina se llama «gasolinera», no «gasolinería». Marcial Muñoz, de México, comenta en nuestro grupo de Facebook lo siguiente:

> en el espíritu de la generación de las palabras en español, el sufijo «ero, era» designa a la persona, generalmente, de algun oficio, como panadero, fontanero, cerrajera, tortillera, lechero. De la misma manera el sufijo «-ería» designana el lugar donde se ejerce, así tenemos, panadería, fontanería, cerrajería, tortillería, lechería. No veo por tanto ningún impedimeto del alma de nuestro idioma para no llamarle «gasolinería» al lugar donde trabaja el gasolinero que surte gasolina.

Estoy totalmente de acuerdo con Marcial. De hecho, en el avance de la 23 edición del DRAE, «gasolinero, -era» designa, también, a la persona que despacha gasolina.

¿En qué quedamos, entonces? A mí me parece que la solución salomónica sería admitir como correcta la palabra «gasolinería», por las razones que apunta Marcial, sin necesidad de proscribir el uso de «gasolinera» como el lugar donde se vende gasolina. Estoy de acuerdo en que la distinción entre gasolinería (lugar) y gasolinera (oficio) es nítida y que debió haber triunfado, pero el idioma no es «lógico» y a veces no queda más remedio que admitir los hechos. De igual forma, debería admitirse el hecho de que en algunos países sí se hace esta distinción, y, por lo tanto, debería reconocerse como legítima la palabra «gasolinería».

Idiosincrásico

Lo que pertenece o es relativo a la idiosincrasia se llama idiosincrásico, no idiosincrático. Idiosincrasia: «Rasgos, temperamento, carácter, etc., distintivos y propios de un individuo o de una colectividad» (DRAE).

Inusable

En un blog de noticias de tecnología leí lo siguiente:

> (...) durante este día y parte del de ayer el servicio de Skype cayó y quedó inusable para todos los usuarios.

Me llamó la atención la palabra «inusable». Desde luego, esa palabra no figura en el diccionario.

Según la noticia publicada hoy por *El Periódico* (Guatemala), el nuevo director de la Real Academia de la Lengua, d. José Manuel Blecua, afirma que «la gente no las lee [las observaciones que se publican en la página de la RAE] y cree que lo que no está en el Diccionario no se puede utilizar, y eso es una tontería». También comenta que «no todas las palabras del mundo tienen que estar en el Diccionario».

En mi opinión, «inusable» es una de esas palabras que no tienen que estar en el Diccionario, pues ya tenemos el término «inutilizable».

Liniero

¿Cómo se llama a la persona que instala o repara los cables de transmisión de la electricidad? Quienes trabajan en ese ramo los llaman «linieros». Al buscar esta palabra en el DRAE solo nos dice que un liniero es una persona natural de la Línea, una región de República Dominicana.

Ya he escrito a los señores académicos para que consideren agregar la acepción relativa a la profesión a la palabra «liniero».

Ni cercha ni sercha

En Guatemala llamamos «sercha» (así, pronunciando la ese al inicio) al objeto para colgar ropa. Pero si buscamos en el diccionario veremos que esta palabra no existe. La que más se le acerca es «cercha», pero no tiene que ver con nuestra sercha. En realidad, deberíamos llamarla «percha»:

> (Del fr. *perche*, o del cat. *perxa*, y este del lat. *pert☐ca*).
>
> **1.** f. Pieza o mueble de madera o metal con colgaderos en que se pone ropa, sombreros u otros objetos. Puede estar sujeto a la pared o constar de un palo largo y de un pie para que estribe en el suelo.
>
> **2.** f. Utensilio ligero que consta de un soporte donde se cuelga un traje u otra prenda parecida y que tiene en su parte superior un gancho para suspenderlo de una **percha** o de una barra.

Oficial y oficioso

«Oficial» y «oficioso», no son, desde luego, sinónimos. Sabemos cómo usar «oficial», pero «oficioso» tiene muchos significados, algunos muy distintos entre sí. Así es como define el DRAE «oficioso -sa»:

1. adj. Hacendoso y solícito en ejecutar lo que está a su cuidado.

2. adj. Que se manifiesta solícito por ser agradable y útil a alguien.

3. adj. Que se entremete en oficio o negocio que no le incumbe.

4. adj. Provechoso, eficaz para determinado fin.

5. adj. En diplomacia, se dice de la benévola mediación de una tercera potencia que practica amistosas diligencias en pro de la armonía entre otras.

6. adj. Por contraposición a oficial, que hace o dice alguien sin formal ejercicio del cargo público que tiene.

7. adj. Se dice de cualquier medio de difusión al que se atribuye cierta representación de órganos de gobierno, partidos políticos, sindicatos u otras entidades.

En un artículo del servicio de noticias Zenit, se lee que

> En el pasado, indicó el portavoz vaticano, las proposiciones no eran publicadas, pues son un texto consultivo, «entretanto el papa quiso que se publicaran aunque no como un documento oficial sino oficioso».

Por «oficioso» aquí se estaría entendiendo «provechoso, eficaz para determinado fin». Pero si hablamos, por ejemplo, de que cierta información la obtuvimos de «fuentes oficiosas», queremos decir de fuentes que carecen de reconocimiento oficial, aunque procedan de una autoridad. Y si decimos que «Juan se mostró oficioso con su maestro», estamos indicando que Juan se mostró solícito por ser agradable y útil a su maestro.

Pantuflo
El «calzado, especie de chinela o zapato sin orejas ni talón, que para mayor comodidad se usa en casa» se llama, según del DRAE, «pantuflo», no «pantufla» ni «pantunfla», como se acostumbra decir en Guatemala.

Poesía y poema
«Poesía» es la «manifestación de la belleza o del sentimiento estético por medio de la palabra, en verso o en prosa», o el «arte de componer obras poéticas en verso o en prosa» (DRAE). «Poema» es la obra o el resultado de emplear el arte de la poesía.

La Academia, sin embargo, considera que estos dos términos son intercambiables. Es decir, puedo decir que he escrito un poema o que he escrito una poesía. En efecto, la cuarta acepción del término «poesía» que da el DRAE es

>   4. f. Poema, composición en verso.

Prístino
Escuché esta tarde en un programa de intercambios culturales de la Radio Televisión Española, retransmitido por Radio Faro, que el científico Juan Pérez Mercader decía «pristina», con acento en la penúltima sílaba. Eso es un error. Esa palabra es esdrújula: «prístina». Es un adjetivo que significa "antiguo, primero, primitivo, original".

Prueba fehaciente
Una prueba fehaciente no es una prueba irrefutable, ni una prueba concluyente. «Fehaciente» significa «que hace fe, fidedigno»

(DRAE). Según esta definición, entonces, una prueba fehaciente es una prueba digna de crédito, digna de tomarse en cuenta, pero no una prueba que no se puede refutar.

Risueño y sonriente

En la fiesta de fin de curso, los alumnos de administración de empresas de la Universidad Francisco Marroquín premiaron a sus compañeros que destacaban en alguna cualidad especial. Recuerdo que uno de esos premios se dio «al más sonriente». Pero «sonriente» significa solamente alguien que sonríe (en acto); no denota necesariamente un rasgo del carácter, como sí lo hace «risueño». En efecto, dice el diccionario que «risueño» significa

1. adj. Que muestra risa en el semblante.

2. adj. Que se ríe con facilidad.

3. adj. De aspecto deleitable, o capaz, por alguna circunstancia, de infundir gozo o alegría. Fuente risueña. Prado risueño.

4. adj. Próspero, favorable.

Sin precedente

Cada vez escucho con más frecuencia la frase «sin precedente», utilizada para referirse a un nuevo producto, a una nueva serie de televisión o cosas por el estilo. Ahora bien, «sin precedente» significa, como puede fácilmente suponerse, sin algo que le preceda o que sea anterior. Pero ¿qué quieren decir los publicistas cuando se refieren a un producto como «algo que no tiene precedentes»? Supongo que quieren decir «sin parangón» o «sin comparación»; algo nuevo y diferente, algo que nos va a sorprender. Pero eso no es lo mismo que no tener precedentes. Los precedentes (o antecedentes) pueden ser buenos o malos; su única nota distintiva es haber ocurrido antes. Sería muy difícil encontrar algo que no tenga precedentes; y si no los tuviera, habría que añadir que lo nuevo es mejor que lo precedente, porque no siempre sucede así.

Socialidad

«Socialidad» no está en el Diccionario. Lo correcto es «sociabilidad» («La sociabilidad humana es un fenómeno natural»).

Su homólogo

Leí en *El Periódico*: «El presidente venezolano se reunió con su homólogo José Luis Rodríguez Zapatero en el palacio presidencial» (servicio de noticias internacional AP).

No hay que abusar de la palabra «homólogo» (que significa «alguien que desempeña una función equivalente»). Don Fernando Lázaro critica con justa razón este abuso en uno de sus dardos. Dice el ilustre filólogo:

> También en el lenguaje político se ha gestado el auge de homólogo. En tiempos, se decía, por ejemplo, que el ministro español de Industria iba a reunirse con el español para... Se pasó después a formular que la reunión entre el ministro español y su colega... Era un abuso, porque colega significa "compañero de una misma corporación, profesión, etc."; de donde se formó colegio (latín *collegium*, "conjunto de colegas").

¿Cómo mejorar, entonces, la redacción de la noticia? Bastaría con poner: «El presidente venezolano se reunió con el español, José Luis Rodríguez Zapatero, en el palacio presidencial».

Talmente

«Talmente» es un adverbio que significa «de tal manera, así, en tal forma» (DRAE). Lo descubrí leyendo uno de los discursos del papa Benedicto XVI sobre la oración. Comentando el salmo 126, dice el pontífice:

> se trata de una experiencia de alegría abrumadora, de sonrisas y de gritos de júbilo, talmente bella que «nos parece soñar».

Tesitura

Algunas personas usan la palabra «tesitura» como sinónimo de situación comprometida, o disyuntiva, como en «me puso en la tesitura de elegir entre dos males». El significado correcto de esta palabra de origen italiano, sin embargo, es «actitud o disposición de ánimo» (DRAE). Así, podemos decir «me encuentro en una tesitura favorable para jugar una partida de ajedrez», o «hoy amanecí con mala tesitura».

Tosigoso

El adjetivo «tosigoso» está un poco en desuso, pero es interesante saber que significa:

1. adj. Envenenado, emponzoñado. U. t. c. s.

2. adj. Que padece tos, fatiga y opresión de pecho. Apl. a pers., u. t. c. s.

(La abreviatura u.t.c.s significa «utilízase también como sustantivo»).

Utilidades

«Utilidades» es un neologismo que encontramos en el léxico de la informática. Se refiere al *software* que usamos para mantener en buenas condiciones nuestros equipos, o a las aplicaciones de los teléfonos móviles que no caben en las categorías usuales (como juegos, libros, referencia, etc.). Ahora bien, el sustantivo «utilidad» no tiene plural. Es un sustantivo abstracto o no contable; es una cualidad, no una cosa. Propongo que empleemos «herramientas», puesto que ya sabemos que toda herramienta es útil.

Nota: Carlos Parellada me hizo notar que «utilidad» sí tiene plural. Decimos «utilidades» para referirnos a las ganancias que deja un negocio. Desde luego, no es ese el sentido en que se emplea en informática. Gracias a Carlos por la importante observación.

Locuciones

«Buenos días» frente a «buen día»
Por Rosa Mendoza de Hernández

Buenos días y *buen día* son locuciones interjectivas o formulaicas usadas en los saludos y despedidas.

La NGLE no se pronuncia a favor ni de una ni de otra fórmula, sino que se limita a indicar que ambas son utilizadas con diferente extensión en los países hispanohablantes. En tal sentido, dice que la variante *buen día,* que era la forma leonesa tradicional, ya no se usa en el español europeo, mientras que la misma es frecuente en el español de México, Centroamérica y el área rioplatense. En Chile está en desuso, pero en Perú está en auge. En Puerto Rico y otros países antillanos se prefiere *buenos días* para los saludos y *buen día* para las despedidas (2507).

«Hoy por hoy»
Mario Mario Salazar me escribe:

> Muchas personas usan la frase «hoy por hoy» para referirse al presente. ¿Es correcto? Yo pienso que «hoy» es «hoy», y no es necesario decir esa frase, aunque el diccionario *Larousse Manual Ilustrado,* lo admite. Puede ser que alguien venga diciendo luego «mañana por mañana».

Aunque en sentido estricto tiene razón, hay que tomar en cuenta que la lengua española —como cualquier otra lengua natural— admite locuciones que no nos parecen del todo «lógicas», pero que se usan para dar mayor énfasis al pensamiento, o para tratar de capturar el sentimiento. La lengua, como medio de expresión de las personas, tiene que arreglárselas para expresar muchas cosas a la vez: pensamientos, sentimientos, intuiciones, recuerdos, imágenes... Pensemos, por ejemplo, en la frase «no hay nadie»: en sentido estricto —lógico— debería ser «no hay alguien», o «hay nadie», pero en español eso «no suena bien». ¿Y qué me dicen de nuestro «¡eso sí que no!»? Lo usamos al hablar y en el lenguaje literario, y no está mal. Es una forma de afirmar «es cierto que no voy a permitir tal cosa», o que definitivamente eso no es admisible.

Algo semejante sucede con el «hoy por hoy». El DRAE lo admite:

> **1.** loc. adv. U. para dar a entender que algo es o sucede ahora de cierto modo, pero puede cambiar más adelante.

Contra reloj y contrarreloj
Por Rosa Mendoza de Hernández

De acuerdo a la *Ortografía de la lengua española*, la palabra contrarreloj, cuando se usa con el sentido de carrera, generalmente ciclista, en que los participantes se clasifican según el tiempo empleado para llegar a la meta, se escribe en una sola palabra:

> Ganó la prueba contrarreloj.

Pero cuando se usa como locución adverbial, con el sentido de con suma urgencia, se escribe en dos palabras:

> Tendremos que trabajar contra reloj para entregar la tarea a tiempo.

En la medida en qué, a medida que
Las locuciones conjuntivas «en la medida en que» y «a medida que» se usan de manera distinta. La primera significa

'en la proporción en que o en correspondencia con el hecho de que': «Todo está bien en la medida en que las cosas pueden estar bien en un país atorado en la crisis» (DPD);

mientras que la segunda

expresa la progresión paralela de dos acciones: «Lavinia fue perdiendo la calma a medida que hablaba» (DPD).

En cuanto a la primera («en la medida en que»), también puede usarse omitiendo la segunda preposición «en»: «en la medida que». Sería dequeísmo decir «en la medida de que».

Locuciones adverbiales
Por Rosa Mendoza de Hernández

Las locuciones adverbiales son expresiones fijas, constituidas por varias palabras, que equivalen a un adverbio.

A pesar de que normalmente tienen una estructura gramatical fija, algunas admiten dos variantes ortográficas tal como se ilustra en los siguientes pares:

al rededor	y	alrededor
así mismo	y	asimismo
boca arriba	y	bocarriba
en frente	y	enfrente
entre tanto	y	entretanto
en seguida	y	enseguida

Aunque ambas variantes gráficas se consideran correctas, la NGLE indica que se prefiere la segunda de cada par. Esta preferencia se debe a que, cuando las locuciones adverbiales se fusionan en una sola palabra, pasan a ser adverbios propiamente dichos.

Conviene tener presente que la locución adverbial *sobre todo* se escribe siempre en dos palabras:

> Disfruta sobre todo la comida italiana.

Fuente:
Asociación de Academias de la Lengua Española. *Nueva gramática de la lengua española.* Madrid: Espasa, 2009.

Vaso de agua

Algunas personas creen que es incorrecto decir «vaso de agua» porque —argumentan— los vasos no están hechos de agua, y les parece que lo correcto es decir «vaso con agua». Sin embargo, «vaso» se está usando en este caso como unidad de medida. En forma análoga decimos, por ejemplo, una yarda de tela, un metro de madera, un litro de leche, etc. De manera que la expresión «vaso de agua» es correcta.

Mayúsculas

Internet
Por Rosa Mendoza de Hernández

El DPD dice que, por tratarse de un nombre propio, se escribe con mayúscula inicial y sin artículo.

Sin embargo, en el avance de la vigésima tercera edición del DRAE, dicha palabra aparece escrita con minúscula inicial, pero se indica que también se puede escribir con mayúscula.

Un ejemplo de aplicación de esta nueva regla de ortografía se puede ver en el título de la reciente publicación de la RAE: *Escribir en internet. Guía para los nuevos medios y las redes sociales*.

De manera que ahora ambas formas —Internet o internet— son correctas.

Mayúsculas en los rótulos
Mi amigo Mario Rincón, desde Colombia, me pregunta

> (...) si uno ve un símbolo «pare» en la calle, ¿cómo debería estar escrito?: ¿Está bien que vaya todo en minúsculas (como en Europa) o debería tener la "P" mayúscula? ¿Debería tener punto al final? ¿Todo en mayúsculas (como en Colombia) está bien?

El problema se reduce a si es lícito poner todas las letras mayúsculas, pues para el punto final puede aplicarse la misma regla que vale para los títulos de los libros: no hace falta. En cuanto a las mayúsculas en los rótulos, no se encuentra una norma en la *Ortografía* de la Academia. En mi opinión, no es incorrecto.

Mayúsculas o minúsculas en los meses y días de la semana

«Salvo que la mayúscula venga exigida por la puntuación (a comienzo de texto o después de punto), los nombres de los días de la semana, de los meses y de las estaciones del año se escriben en español con minúscula inicial:

Nació el pasado martes, 22 de noviembre.

En Caracas, a 6 de mayo de 2005.

Esta primavera ha llovido mucho.

Solo se inician con mayúscula cuando forman parte de nombres que exigen la escritura de sus componentes con mayúscula inicial, como ocurre con los nombres de festividades, fechas o acontecimientos históricos, vías urbanas, edificios, etc.: Viernes Santo, Primavera de Praga, plaza del Dos de Mayo, Hospital Doce de Octubre» (DPD)

Uso de mayúsculas para disciplinas científicas

Una distinción interesante: según la *Ortografía* de la Academia (número 3.3.3), **los nombres de las disciplinas científicas como** tales se escriben con inicial **mayúscula**, pero en los demás casos se usa inicial minúscula.

Así, escribiremos «soy licenciado en Biología», «he estudiado Filosofía», «la Psicología ha vivido un resurgimiento en los últimos años». En cambio, escribiremos con minúscula: «me gustan las matemáticas de este curso», «llaman filosofía de la vida a lo que es pura vulgaridad», «la psicología de los niños es complicada».

Neologismos

¡Clic!

¿Cómo se dice: «haga click», «pulse», «cliquée»...? La Academia ha aceptado el neologismo «clic» (nótese: sin k al final), y lo define de esta manera:

> **2.** m. *Inform.* Pulsación que se hace en alguno de los botones del ratón de un ordenador para dar una instrucción tras haber señalado un enlace o icono en la pantalla.

Aún no admite, sin embargo, las posibles formas verbales derivadas de este sustantivo, como serían «cliquear» o «clicar». De manera que para indicar a alguien que «pulse alguno de los botones del ratón de un ordenador...» podemos decir «haga clic». No sería correcto decir «pulse aquí», porque la pulsación se refiere al botón del ratón, y no al enlace o icono. Se pulsa el botón, no el enlace. En el enlace «se hace clic».

Esto es lo que dice el *Diccionario Panhispánico de Dudas*:

> **2.** Para designar la acción consistente en pulsar alguno de los botones del ratón, se emplea normalmente la locución *hacer clic*: «*Una vez que se visualiza el icono de la aplicación, basta con hacer clic sobre él*» (VV. AA. *Informática* [Esp. 1998]). Su uso está más extendido y es más recomendable que el de las formaciones recientes *clicar* y *cliquear*.

Archivo

Finalmente se coló: «archivo» ahora significa, también,

> **5.** m. *Inform.* Conjunto de información almacenada en la memoria de una computadora que puede manejarse con una instrucción única.

La resistencia tenía razón, pues un archivo siempre había sido, para nosotros,

> **1.** m. Conjunto ordenado de documentos que una persona, una sociedad, una institución, etc., producen en el ejercicio de sus funciones o actividades.

O, también, el lugar donde se custodian varios archivos. ¿Qué tenía esto que ver con un documento en *Word*, una hoja de *Excel* o un programa de computación? Pero claro, a alguien se le ocurrió que la traducción del inglés *file* era archivo, sin ponerse antes a pensar en lo que decía. Y finalmente la poca cultura venció, y ahora «archivo» tiene una nueva acepción.

Baipás

El sustantivo «baipás», derivado del inglés *bypass*, ya ha sido incorporado al español. Tiene sentido: todos la usamos, porque no existía un sustantivo en nuestra lengua que expresara esa idea.

Conviene notar que baipás tiene dos significados, el primero referido a la medicina, y el segundo a las vías de comunicación o los circuitos eléctricos. Estas son las definiciones que da el DRAE:

> baipás.
>
> (Del ingl. bypass).1. m. Med. Conducto alternativo por el que, mediante una operación quirúrgica, se desvía toda la corriente sanguínea o parte de ella para facilitar la circulación.2. m. Desvío hecho en un circuito, una vía de comunicación, etc., para salvar una interrupción o un obstáculo.

Blíster

El neologismo «blíster» aparece en el DRAE sin cursivas, lo cual significa que es una palabra del español con pleno derecho. La

Academia es muy cauta a la hora de incorporar nuevos vocablos al Diccionario. Si en español existe una palabra que expresa lo mismo que otra extranjera que se pretende incorporar, la palabra foránea no aparecerá en el Diccionario. Pero si se considera que no existe un equivalente exacto para esa palabra, se incorpora, en un primer momento, como un neologismo crudo, y entonces aparece con letra cursiva. Es una palabra que está, por decirlo así, en período de prueba. Pero cuando ha pasado un tiempo prudencial y el uso de esa palabra se extiende (cuando pasa la prueba), se pone con letra normal. Esto significa que, sea cual sera la lengua de la que procede, es ya una palabra del español. Se llama neologismo porque es de reciente incorporación.

Así, pues, démosle la bienvenida a «blíster», significa:

> 1. m. Tecnol. Envase para manufacturados pequeños que consiste en un soporte de cartón o cartulina sobre el que va pegada una lámina de plástico transparente con cavidades en las que se alojan los distintos artículos.

Catering

El DRAE recoge esta palabra en cursiva para referirse al «servicio de suministro de comidas y bebidas a aviones, trenes, colegios, etc.». Esto quiere decir que los académicos no han encontrado una palabra castiza que designe el mismo concepto. Al admitirla, pero en cursiva, significa que es una voz inglesa, tal cual.

El *Manual del español urgente* dice que esta voz puede hispanizarse como «cáterin», con el plural invariable «los cáterin». Habrá que esperar a la vigésima tercera edición del DRAE para ver si esta sugerencia se acepta.

Combos

Hoy, casi todos los restaurantes de Guatemala nos ofrecen «combos» de comida. A los jóvenes no les resulta extraña esta palabra. Los mayores la asocian con orquestas pequeñas. ¿De dónde viene esta palabra?

El genio del idioma nos hace relacionarla con «combado», es decir, con algo torcido o encorvado. De hecho, es la acepción que el DRAE registra en primer lugar. Como una segunda acepción (que se deriva del quechua *k'umpa*, «mazo de piedra»), significa «mazo» en algunas regiones de América. En Cuba se llama «combo» a un conjunto musical, y en Venezuela, «combo» es un «grupo musical de salsa» o un «lote de varias cosas que vienen juntas o que se venden por el precio de una» (DRAE). Parece claro que del uso venezolano se derivan los combos de comida.

En mi opinión, estamos ante un neologismo que, al contrario de otros que proceden del inglés, tiene raíces castellanas. «Combo» sería una abreviatura de «combinación». No sería de extrañar que se incorpore al acervo común de la lengua.

Compartimentalizar, compartamentalizar

Hace poco me sorprendí a mí mismo utilizado la palabra «compartimentalizar». Como me entró duda acerca de su legitimidad, la busqué en el DRAE. En efecto, no aparece; tampoco aparece «compartamentalizar». Existe el sustantivo «compartmento» (y el DPD dice que es igualmente legítimo «compartimiento»), pero no el verbo derivado de ese sustantivo. No veo por qué no pueda admitirse este verbo, pero haré la consulta a la Academia.

Chat

«Chat» aparecerá en la vigésima tercera edición del Diccionario de la Lengua Española como un neologismo; es decir, como una palabra nueva, en este caso procedente del inglés, incorporada plenamente al léxico del español. Su definición es:

1. m. Inform. Intercambio de mensajes electrónicos a través de internet que permite establecer una conversación entre dos o varias personas.

2. m. Inform. Servicio que permite mantener conversaciones mediante chats.

Emoticono

Un nuevo término ha entrado al diccionario: «emoticono». Procedente del inglés *emotion*, y del francés *icône* (que, a su vez, viene del ruso *ikona*, y este del griego bizantino εἰκών, -όνος eikón, -ónos.), un «emoticono», según el DRAE, es una

representación de una expresión facial que se utiliza en mensajes electrónicos para aludir al estado de ánimo del remitente.

2. m. *Inform*. Pulsación que se hace en alguno de los botones del ratón de un ordenador para dar una instrucción tras haber señalado un enlace o icono en la pantalla.

Eslogan

Ya está admitida la palabra «eslogan». Hay que evitar, por lo tanto, decir y escribir *slogan*.

Estadounidismo
Por Rosa Mendoza de Hernández

Esta es una palabra nueva y etiqueta geográfica que aparecerá en la vigésima tercera edición del DRAE del año 2014.

Este término, propuesto por el periodista independiente Rafael Prieto Zartha, ha sido aceptado por el DRAE para designar «una palabra o uso propios del español hablado en los Estados Unidos de América». De tal manera, es equivalente a guatemaltequismo, peruanismo, mexicanismo, etc.

La importancia de esta adición radica en el hecho de que con ella la Academia reconoce al español hablado en los Estados Unidos como una variedad de dicha lengua, al igual que el español mexicano, guatemalteco, rioplatense, cubano, etc. Y es que Estados Unidos concentra 50 millones de hispanos, por lo que ocupa el segundo lugar entre los países del mundo con mayor número de hispanohablantes, después de México.

El término estadounidismo no tiene nada que ver con el espanglish, término que también aparecerá en la edición del DRAE del año 2014, y que define como: «modalidad del habla de algunos grupos hispanos de los Estados Unidos, en la que se mezclan, deformándolos, elementos léxicos y gramaticales del español».

Los estadounidismos son términos que usan los hispanos que habitan en los Estados Unidos y que son parte del uso común en todo el país.

El aparecimiento de los mismos se debe en parte a la coexistencia del español con el inglés, lo cual enriquece al español con nuevos términos, generalmente asociados a la tecnología, tales como bloguear, chatear, tableta electrónica, que se han adaptado a la naturaleza, sintaxis y gramática del idioma español.

En un artículo sobre los estadounidismos, publicado en julio de 2012, el señor Prieto Zartha informa que pronto se va a disponer de una lista de estadounidismos elaborado por los académicos.

Conocer esa lista será enriquecedor para todos nosotros.

Fuentes:
Gómez, Frank. "Estadounidismo." ANLE Academia Norteamericana de La Lengua Española. Frank Gómez, 23 July 2012. Web. 18 Sept. 2012. <http://www.anle.us/search.php?nSearch=espanglish&nGo.x=17&nGo.y=5>.
Diccionario de la Real Academia Española, vigésima segunda edición.

Fanes

En el periódico de hoy leí que no sé qué artista de cine «saludaba a sus fanes». Por muy extraño que nos parezca, y aunque no estemos de acuerdo, la Academia ha aceptado la incorporación al acervo lingüístico del español de la palabra «fan», con el significado que conocemos:

(Del ingl. *fan*, acort. de *fanatic*).

1. com. Admirador o seguidor de alguien.

2. com. Entusiasta de algo. Es un fan de la ópera.

Como es una palabra naturalizada, su plural es «fanes», tal y como dice la noticia. Horrible, pero cierto.

Fideos, espagueti y pasta

Cuando Gabriel Araceli, el narrador de la novela *Trafalgar*, de Pérez Galdós, regresa a Cádiz, cuenta que va a la calle en la que quedaba su casa: la calle del Fideo. Esto me hizo recordar que cuando era niño, comía fideos; de adolescente, espagueti, y ahora, pasta. En unos cuantos años —¡no soy tan viejo!— se ha pasado de una palabra mozárabe con cientos de años de tradición, a una tomada del italiano, y finalmente, a la insulsa y genérica «pasta».

Me preguntaba un lector si no estoy siendo «muy purista al dejar fuera anglicismos, galicismos y otros ismos fuera de la lengua». Si bien es cierto que, como dice mi estimado lector, «la lengua evolucionará para bien o para mal», debemos tratar de que sea para bien. Se evoluciona para bien cuando el proceso es ordenado, cuidado. En parte, esa es la labor de las academias de la lengua, que van dando «carta de ciudadanía» a los neologismos. ¿Con qué criterio? Con uno muy sencillo: si en nuestra lengua ya existe una palabra para nombrar una realidad, no tenemos por qué importar palabras de otro idioma para nombrar esa misma realidad.

Puse el ejemplo de «pasta» porque me parece sintomático del mal que padecemos: desechar palabras clarísimas, que tradición centenaria, y sustituirlas por otras que ya existen en nuestro idioma, pero con otro significado. ¿Qué es «pasta» para un hispanohablante que no presume de comer en Pizza Hut?: lo que dice el diccionario: «masa hecha de una o diversas sustancias machacadas», entre otras ocho acepciones. ¿Por qué complicar las cosas añadiendo una más? ¿Qué tenía de malo «fideo»? Si queremos ser más «finos» digamos «espagueti», que fue aceptada por la Academia como «pasta alimenticia de harina en forma de cilindros macizos, largos y delgados, más gruesos que los fideos». Digamos que «espagueti» se coló en el idioma con la excusa de ser «más grueso que el fideo». ¿Cuál es la excusa para aceptar «pasta» como sinónimo de «fideos»?

Gadgets

La palabra *gadget* se viene usando cada vez con mayor frecuencia en los medios de comunicación, especialmente en los periódicos. Un *gadget* típico es, por ejemplo, un iPhone o una iPad. Se trata de aparatos pequeños, ingeniosos, interesantes más por su novedad que por su uso práctico. La traducción que dan los diccionarios inglés-español no alcanza a expresar todas estas ideas. El diccionario *Reverso* (http://diccionario.reverso.net), por ejemplo, traduce *gadget* simplemente como «aparato». *Wordreference* (http://wordreference.com) nos da más opciones: «aparato, artilugio, chisme (inf. Esp.)». Yo me decidiría por «artilugio», pero sugiriendo a la Academia que se amplíe su definición. En efecto, el DRAE define «artilugio» como un «mecanismo, artefacto, sobre todo si es de cierta complicación». Para que calce con el significado y uso moderno, yo pondría «mecanismo, artefacto, generalmente pequeño, interesante más por su novedad e ingenio que por su uso práctico».

La otra opción —que no me gusta—, es castellanizar la palabra, adaptándola a la fonética de nuestro idioma. En este caso, sería algo como «gáyet».

Gay

Copio del *Diccionario Panhispánico de Dudas*:

> gay. Voz tomada del inglés gay, que significa, como adjetivo, 'homosexual' o 'de (los) homosexuales' y, como sustantivo masculino, 'hombre homosexual': «Cunanan ha sembrado el pánico en la comunidad gay norteamericana» (Caras [Chile] 21.7.97); «Lo difícil para mí no ha sido construir a un gay, lo difícil es interpretar al ser humano complejo que hay en David» (Tiempo [Col.] 7.4.97). Aunque entre los hispanohablantes está extendida la pronunciación inglesa [géi], en español se recomienda adecuar la pronunciación a la grafía y decir [gái]. Su plural debe ser gais.

Gobernanza

Los diccionarios de inglés-español que he consultado traducen *governance* como «gobierno». Pero *governance* es el arte o el ejercicio de la autoridad. En español, «gobernaza» (un neologismo) es:

> **1.** f. Arte o manera de gobernar que se propone como objetivo el logro de un desarrollo económico, social e institucional duradero, promoviendo un sano equilibrio entre el Estado, la sociedad civil y el mercado de la economía.

2. f. ant. Acción y efecto de gobernar o gobernarse.

En su segunda acepción, «gobernanza» coincide totalmente con «gobierno», «acción y efecto de gobernar o gobernarse». De manera que para traducir *governance*, podemos decir «gobernanza». (Notar que en español es con be, no con uve).

Gourmet

El sustantivo «gourmet» existe en el DRAE, pero como un neologismo crudo. Esto significa que es posible que en el futuro se incorpore a nuestro idioma, aunque con otra ortografía. Mientras tanto, la Academia sugiere que en su lugar se utilice «gastrónomo»; si el significado no es el mismo que pretendemos, se puede usar «gourmet», pero en cursiva, para indicar su calidad de palabra extranjera.

Hándicap

Con la palabra de origen inglés *handicap* tenemos un problema. La vigésimo segunda edición del DRAE la registra como una voz inglesa, con doble significado:

handicap. (Voz ingl.).

1. m. En hípica y en algunos otros deportes, competición en la que se imponen desventajas a los mejores participantes para igualar las posibilidades de todos.

2. m. Circunstancia desfavorable, desventaja.

Ahora bien, el avance de la vigésima tercera edición (que se obtiene haciendo clic en el botón que pone «artículo enmendado»), además de incorporar esta voz a nuestra lengua y convertirla, por tanto, en un neologismo, sustituye la segunda acepción por otra del ámbito de los deportes.

Artículo enmendado.

Avance de la vigésima tercera edición

hándicap. (Del ingl. *handicap*).

1. m. Dep. En hípica y en algunos otros deportes, competición en la que se imponen desventajas a los mejores participantes para igualar las posibilidades de todos.

2. m. Dep. En el juego del golf, número de golpes adjudicados antes de empezar a jugar.

Tres cosas me preocupan: 1) que se haya incorporado tan fácilmente esta palabra al español, cuando podemos decir, sencillamente, «desventaja»; 2) que el significado más habitual del término no aparezca en la vigésimo tercera edición; 3) que no se diga cómo se debe pronunciar, puesto que si ha sido incorporada al español, debería pronunciarse /ándicap/ (en nuestra lengua, la hache no suena), pero si se pretende conservar la pronunciación inglesa (o aproximada a ella), debería decirse escribirse 'jándicap'.

Interfase

En español, «interfase» es

1. f. Biol. Período del ciclo celular en el que tiene lugar la síntesis de proteínas y la replicación del material genético.

2. f. Fís. y Quím. Superficie de separación entre dos fases. (DRAE)

En inglés, *interface* (notemos que se escribe con ce) es «la interacción entre los programas informáticos y el usuario» (*Word Reference*).

Como esta última no forma parte (aún) del léxico del español, cuando la usemos habrá que ponerla en cursiva o entre comillas, como corresponde a los extranjerismos.

Kit

«Kit» ya está recogido en el DRAE, con el significado de

> Conjunto de productos y utensilios suficientes para conseguir un determinado fin, que se comercializan como una unidad.

Sin embargo, la Fundación del Español Urgente insiste en que en español tenemos palabras que bien podrían sustituir a «kit», como juego, equipo, conjunto, lote o estuche. Yo estoy de acuerdo.

La web

Recuerdo haber leído que José Antonio Millán, en el Primer Congreso Internacional de la Lengua Española, en Zacatecas (1997), hizo un notable e ingenioso esfuerzo para crear un término español que pudiera emplearse en lugar de «web» y «www». Propuso llamar a la red «malla máxima mundial» (ingenioso, ¿cierto?), cuyas abreviaturas serían «MMM» (que sería como poner de cabeza las WWW). El Instituto Cervantes apoyó la propuesta. Pero no cuajó. Ahora el DRAE admite «web», con el significado que todos conocemos, y lo considera un sustantivo femenino. Hay que decir, por lo tanto, «la web».

Ledes

En la 23.ª edición del DRAE veremos, entre otros muchos neologismos, el término «led». Un led es un

> Diodo de material semiconductor que emite luz al aplicar una tensión eléctrica, y que se utiliza para componer imágenes en pantallas de diversos instrumentos, como calculadoras, relojes digitales, etc.

Dado que ya es un término español, su plural es «ledes», no «leds».

Monitorear

Siempre sospeché del origen espurio del verbo «monitorear». Recientemente lo escuché en boca de un personaje público y me decidí a investigarlo. Esto es lo que nos dice el Diccionario Panhispánico de Dudas:

> A partir del sustantivo *monitor* (del ingl. *Monitor* «dispositivo o pantalla de control»), se han creado en español los verbos *monitorizar* y *monitorear,* con el sentido de «vigilar o seguir [algo] mediante un monitor».

Por ahora, no aparece registrado en el DRAE, lo cual significa que ese verbo no existe en español. Imagino que terminará por ser aceptado. Mientras tanto, mejor utilicemos el más castizo «vigilar».

Piano piano
Por Rosa Mendoza de Hernández

En su vigésima tercera edición para 2014, el DRAE ha incluido una nueva locución adverbial coloquial: piano piano

> piano piano
>
> 1. loc. adv. coloq. Poco a poco, a paso lento.

La inclusión se debe a que la Academia considera que actualmente existe un número suficiente de hablantes que utilizan coloquialmente dicha locución.

Ahora, las personas precavidas ya pueden decir:

> En el amor y en los negocios, hay que ir piano piano.

Ralentizar

La Academia reconoce como palabra española «ralentizar» («imprimir lentitud a alguna operación o proceso, disminuir su velocidad»

(DRAE), pero nos sugiere que usemos en su lugar «lentificar». Es cierto que «lentificar» va más de acuerdo con el genio de nuestro idioma, pero me parece que «ralentizar» se va imponiendo en el uso común.

Ranking

Ranking («clasificación de mayor a menor, útil para establecer criterios de valoración») ya aparece en el Diccionario académico, pero como neologismo crudo; esto significa que hay que escribirla en cursiva o entre comillas.

Sonar y sónar

Los señores académicos están muy dubitativos en esto de los neologismos. En la vigésima segunda edición del DRAE, aparece como neologismo la voz de origen inglés «sónar», con pronunciación grave, pero en el avance de la vigésima tercera edición proponen que se pronuncie como en inglés: «sonar». Vea los cambios:

sónar.

(Del ingl. *sonar*, acrón. de *sound navigation and ranging*, navegación y localización por sonido).

1. m. Aparato que detecta la presencia y situación de objetos sumergidos mediante ondas acústicas, producidas por el propio objeto o por la reflexión de las emitidas por el aparato.

Artículo enmendado.

Avance de la vigésima tercera edición

sonar 2.

(Del ingl. *sonar*, acrón. de *sound navigation and ranging*, navegación y localización por sonido).

1. m. Tecnol. Aparato electroacústico que detecta la presencia y situación de objetos sumergidos, mediante ondas producidas por el propio objeto o por la reflexión de las que emite el aparato.

Suspense

Suspense (neologismo procedente del francés *suspense*, y este del inglés *suspense*) es la

> Expectación impaciente o ansiosa por el desarrollo de una acción o suceso, especialmente en una película cinematográfica, una obra teatral o un relato.

En América, decimos «suspenso», pero este «suspenso» es distinto al que significa «admirado, perplejo». La locución adverbial «en suspenso», por otra parte, significa «diferida la resolución o su cumplimiento» (DRAE).

Ejemplos de uso:

> «Esa película tiene mucho suspenso». (En España se diría «tiene mucho suspense»).

> «Para aumentar el suspense, el autor describe minuciosamente cada batalla».

> «Hijo: me dejas suspenso; no sé qué decir ni qué pensar».

> «La resolución está en suspenso hasta que se reúna el tribunal».

Test

«Test» no se escribe con cursiva, porque ya forma parte del vocabulario del español. Es un neologismo procedente del inglés, que el DRAE define así:

Prueba destinada a evaluar conocimientos o aptitudes, en la cual hay que elegir la respuesta correcta entre varias opciones previamente fijadas.

Testear

Puesto que en español ya se acepta decir «test», no habría inconveniente en derivar el verbo correspondiente: testear, que se escribiría en letra normal (no en cursiva). Desde luego, «testear» se escucha muy mal, y sería preferible decir «probar» o «comprobar».

Tethering: anclaje a red

Tethering es un término nuevo, empleado para designar el proceso por el que convertimos nuestro celular en un transmisor de señar de Internet a una computadora. Busqué la traducción de este término en http://www.wordreference.com/, pero aún no dan la traducción al español. Sin embargo, si usted tiene uno de los últimos modelos de teléfono móvil, y si el sistema operativo está en castellano, verá entre las opciones de red una que dice: «anclar este teléfono a una red». En efecto: la traducción que me parece más apropiada para *tethering* es «anclaje de red». Wikipedia ya trae la definición:

> Se denomina **anclaje a red** o **tethering** al proceso por el cual un dispositivo móvil con conexión a Internet actúa como pasarela para ofrecer acceso inalámbrico a la red a otros dispositivos, cualesquiera que estos sean, asumiendo dicho dispositivo móvil un papel similar al de un módem o enrutador inalámbrico, permitiendo aprovechar así desde otros aparatos la tarifa plena de datos con la que generalmente se suministran.

Muchos dispositivos móviles están equipados con *software* para ofrecer acceso a Internet a través de anclaje a red.

El sustantivo *tethering* se deriva del verbo *tether*, que significa atar o amarrar; *tether*, como sustantivo, significa soga o cadena.

Tique y carné

Entre los neologismos recientemente aprobados por la Academia están «tique» y «carné». El primero procede del inglés *ticket* y el DRAE lo define como

> **1.** m. Vale, bono, cédula, recibo.
>
> **2.** m. Billete, boleto.

«Carné» es la hispanización del término francés *carnet* y tiene dos acepciones:

> **1.** m. Librito de apuntaciones.
>
> **2.** m. Documento que se expide a favor de una persona, provisto de su fotografía y que la faculta para ejercer ciertas actividades o la acredita como miembro de determinada agrupación.

Tráiler

Me refiero, aquí, al uso frecuente de la palabra inglesa trailer para llamar a los cortos o avances de las películas. El DRAE recoge «tráiler» como una palabra de origen inglés, con dos acepciones:

> 1. m. Remolque de un camión.
>
> 2. m. Cinem. avance.

La segunda acepción nos remite a «avance». Esto quiere decir que los académicos nos recomiendan usar «avance» en lugar de «tráiler». Por avance (cinematográfico) se entiende:

> 7. m. Cinem. Fragmentos de una película que se proyectan antes de su estreno con fines publicitarios.

Justamente, lo que muchos llaman «tráilers». ¿Para qué usar esta palabra, si en nuestra lengua ya tenemos una que significa lo mismo?

En cuanto a la incorporación de esta palabra al español, para referirse a un remolque, me parece justificada, por lo específico del término y por el uso tan extendido.

En síntesis, yo diría que el uso de «tráiler», para referirse a un avance cinematográfico es un anglicismo que debe ser rechazado, mientras que «tráiler», referido al vehículo, es un neologismo de origen inglés. Son cosas distintas.

Wasapear

Según la Fundación del Español Urgente, el sustatitvo «wasap» y el verbo correspondiente («wasapear»), derivados de la popular aplicación para enviar mensajes WhatsApp, son «adaptaciones adecuadas al español». Copio de su sitio web (http://www.fundeu.es/recomendacion/wasap-y-wasapear-grafias-validas/):

> El sustantivo wasap ('mensaje gratuito enviado por la aplicación de mensajería instantánea WhatsApp'), así como su verbo derivado wasapear ('intercambiar mensajes por WhatsApp'), son adaptaciones adecuadas al español, de acuerdo con los criterios de la *Ortografía de la lengua española*.
>
> Esta obra señala que la letra w es apropiada para representar la secuencia /gu/, entre otras, en palabras extranjeras adaptadas al español (waterpolo y web, por ejemplo), criterio por tanto aplicable a wasap como españolización del nombre que se da a los mensajes enviados por WhatsApp.
>
> En este sentido, WhatsApp, como nombre propio de esta marca registrada, debe escribirse tal cual, con W y A mayúsculas, h después de la w, t antes de la s y, por último, dos pes al final.

Así pues, frases como «Su segundo hijo también le manda wasaps desde París, donde está cursando un máster» o «¿Quieres promocionar tu negocio con una aplicación para wasapear?» pueden considerarse correctas, sin necesidad de cursivas ni comillas.

El plural de wasap es wasaps, sin tilde, pese a acabar en s, dado que se trata de una palabra aguda terminada en grupo consonántico.

Por otra parte, aunque también pueden resultar admisibles las adaptaciones guasap, plural guasaps, y guasapear, al perderse la referencia a la marca original y percibirse como más coloquiales, se prefieren las formas con w.

Según se lee en la sección «Quiénes somos» de su página web, la Fundación para el Español Urgente trabaja asesorada por la Real Academia Española.

Personalmente, creo que este neologismo es totalmente innecesario y hasta ridículo. Basta con que digamos «mensaje»; el medio por el que se envía es irrelevante.

Nuevas normas

¿Signos interrogativos y exclamativos en una misma oración!
Por Rosa Mendoza de Hernández

La NGLE acepta la mezcla de signos interrogativos y exclamativos en la misma oración en casos como los siguientes:

¿Quieres callarte ya, caramba!

¿No te das cuenta del peligro!

También acepta encabezar y cerrar un enunciado con un signo interrogativo y uno exclamativo cuando el mismo tiene carácter interrogativo y exclamativo a la vez. Esto por razones enfáticas:

¡¿Pero qué es lo que pasa?!

¡¿Suprimir la Internet?!

Permite además el uso concatenado de varios signos de apertura, generalmente de exclamación, en contextos muy expresivos:

¡¡¡Enhorabuena, lo lograste!!!

Nuevas normas ortográficas

Recibí este resumen de las nuevas reglas ortográficas que la Academia de la Lengua dio a conocer el 1 de enero de 2012. Lo transcribo a continuación.

NUEVAS REGLAS DE LA REAL ACADEMIA DE LA LENGUA (RAE)

Ha entrado en vigencia nuevo alfabeto y normas gramaticales de la RAE.

Errores, dudas y dificultades del español

La Real Academia Española de la lengua informó el primero de enero de 2012 lo siguiente:

1. Definitivamente, las letras «ch» y «ll», quedan fuera del alfabeto en español. Serán dígrafos, tal como la «rr». Este cambio consiste en reducir el alfabeto, debido a que estas letras son combinaciones de otras que ya están incluidas en el abecedario.

2. La *y* griega se llamará ye, *v* uve y *w* uve doble. Debemos perder la costumbre de señalar a la *b*, como larga, grande o alta, tampoco de Bolívar o peor, de burro. Nunca más debemos decir *v* corta, chiquita, pequeña o v de Venezuela y menos de vaca. Aunque en el caso de la *w*, la RAE sugiere «uve doble», cuando nosotros la llamamos «doble uve». El nombre *uve* se origina para distinguir oralmente la *b* de la *v*, pues se pronuncian de la misma forma en nuestro idioma. Al decir *uve*, nunca se confundirá con la *be*, de allí la justificación para este cambio. En el caso de la *y*, es preferible el sonido *ye* y no «y griega», por ser más sencillo de expresar y diferenciarse totalmente de la vocal *i*, llamada comúnmente *i* latina o *i* de iglesia.

3. La conjunción disyuntiva *o* se escribirá siempre sin tilde. Aunque muchos insistan (todavía) en colocarle la tilde (ó) en la escritura corriente, únicamente se utilizaba en este caso: 5 ó 6 para diferenciarla del número 506. Es decir, evitar la confusión entre la letra o y el cero. Este uso diacrítico ya no tiene excusa; porque hoy en día, gracias a la utilización de los computadores, la conjunción "o" se diferencia visible y notoriamente del 0, según el alegato de la RAE. Lo adecuado será: 5 o 6.

4. La supresión del acento ortográfico en el adverbio solo y los pronombres este, ese y aquel. Su uso no estará justificado, ni siquiera en caso de ambigüedad. Ej. «Voy solo al cine a ver películas de terror (solamente)» o «Voy solo al cine a ver películas de terror (solo, sin compañía)». Por consiguiente, a partir

de ahora podrá prescindirse de la tilde en estos casos, incluso en caso de doble interpretación, pues cabe colocar perfectamente sinónimos (solamente o únicamente, en el caso del adverbio solo). Ej. «Voy únicamente (o solamente) al cine a ver películas de terror».

En el caso de las palabras «guion», «hui», «Sion», «truhan» o «fie», deben escribirse obligatoriamente sin tilde (lo contrario será una falta de ortografía).

5. Los términos genéricos que se anteponen a nombres propios se escribirán en minúscula: «golfo de Venezuela», «península de Araya», «islas Galápagos», etc.

6. No será correcto escribir «piercing, catering, sexy, judo o manager», si no se hace en cursiva o entre comillas, para remarcar su origen extranjero, como es la norma para este tipo de vocablos. Solo pueden escribirse sin cursiva, la forma adaptada al idioma español de estas palabras: pirsin, cáterin, sexi, yudo y mánayer. Otros ejemplos: smoking > esmoquin; camping > campin; bricolage > bricolaje, entre otros.

7. Los prefijos «ex», «anti» y «pro» ya no estarán separadas de la palabra que los precede. Ej. Provida, expresidente, anticonstitucional. Tradicionalmente «ex», «anti» y «pro», debían escribirse separados de la palabra que las precedía, pero ahora se irán unidos, como el caso de «exesposa» y «provida».

Por lo tanto, no existen ex presidentes ni ex maridos, etc., pasaron a ser expresidentes y exmaridos (junto, no separado). Únicamente las expresiones compuestas como: alto comisionado, capitán general, podrán utilizar los prefijos «ex» y «pro» en forma separada. Ej. Ex alto comisionado, ex capitán general, pro derechos humanos, etcétera.

Igualmente varían las grafías de quórum por «cuórum», Qatar será Catar, Iraq por Irak y Tchaikovski pasará a escribirse Chaikovski.

8. Ya no se escribirá «Papa» con letra inicial mayúscula, para hablar de la máxima autoridad de la Iglesia Católica, sino «papa», con minúscula. Pueden escribirse en mayúscula solo, aunque no obligada, cuando no van seguidos del nombre propio: «La recepción a Su Santidad será en el palacio arzobispal». Sin embargo, es obligada la minúscula, en este caso: «Esperamos la visita de su santidad Benedicto XVI».

9.- Se evitará la mayúscula inicial en «don», «doña», «fray», «santo», «san», «excelencia», «señoría», «sor», «vuestra merced», aunque se admite la mayúscula inicial en los tratamientos protocolarios de las más altas dignidades (Su Santidad, Su Majestad, Su Excelencia).

10.- Los personajes de ficción irán siempre con mayúscula inicial (Aureliano Buendía, Harry Potter, Mafalda) y también lo harán aquellos formados por nombres comunes: Caperucita Roja, el Gato con Botas, la Cucarachita Martínez.

11.- Los vocablos como güisqui que es grafía correcta actual en español equivalente a la palabra inglesa *whisky* o *whiskey*, y se escribirá: wiski.

Signo de porcentaje

Según las nuevas normas ortográficas (ver un resumen en http://www.fundeu.es/wp-content/uploads/2013/01/FundeuNovedadesOrtografia.pdf),

El símbolo de porcentaje se escribe, como otros símbolos pospuestos a una cifra, dejando un espacio, que puede ser fino. Solo se escriben pegados ⍰ , 0 y 00 .

Me hace gracia eso de un espacio «que puede ser fino». Yo creo que o se deja espacio o no se deja, porque eso de «espacio fino» depende de cómo cada quién lo interprete; además, solo podría hacerse en la escritura a mano, porque en las máquinas de escribir no existe un «espacio fino».

Trans- tras-

No estoy de acuerdo con esta recomendación que hace la Academia en la *Nueva Ortografía*, pero la transmito:

> Se recomienda simplificar siempre trans- como tras-, salvo cuando se aplica a palabras que empiezan por s-. Ejemplos: trascendental, trasportar, traslúcido, trasoceánico, trasparente, trashumante, traspapelar, traspaso pero transexual, transiberiano.

W en préstamos

Dice la Fundación del español urgente que, según las nuevas normas ortográficas,

> Se admite la w en préstamos, letra que se considera preferible en las voces en las que su uso está asentado. Por tanto, no se escriben en cursiva.

Ejemplos:

> kiwi, sándwich, web, wéstern, taiwanés, kuwaití.

Número de sustantivos y adjetivos

Extra y extras

Hace algunos días oí en la radio un anuncio comercial en el que se decía: «al partido se le darán 120 minutos *extras*». Me llamó la atención el adjetivo «extra» en plural, y busqué la explicación del uso en el Diccionario Panhispánico de Dudas. Esto fue lo que encontré:

> Es invariable en plural cuando significa «superior», tanto en calidad (*Yo solo uso aceites extra*) como en tamaño (*Los huevos extra son los más caros*). Cuando significa «adicional», aunque no faltan ejemplos de uso invariable, se prefiere hoy el plural en -s: «*Esto de hacer horas extras mata*» (Daneri *Matar* [Arg. 1981]); «*Muchas personas luchan arduamente contra los kilos extras que llevan encima*» (*Tiempo* [Col.] 7.1.88).

De manera que no estaba mal lo de «120 minutos extras». Me parece que, en Guatemala, sin embargo, aún preferimos el uso invariable (como cuando un profesor dice: «daré cinco puntos extra por tal o cual trabajo»).

Como sustantivo el plural es siempre «extras», y se refiere a

a) «Persona que aparece en una película y se limita a figurar, sin hablar». Es común en cuanto al género (→género², 1a y 3b): *un/una extra*.

b) En España, «paga extraordinaria que reciben los trabajadores en verano y Navidad». Es femenino: *la extra*.

c) «Cosa extraordinaria, fuera de lo ordinario o habitual». Se emplea normalmente en plural y, en el uso general, es masculino: «*Si se suman varios extras al sueldo base, los ingresos pueden ascender a dos millones mensuales*» (*Mundo* [Esp.] 7.6.94).

Ordinales

El género en los ordinales
En números ordinales, 21 es vigesimoprimero o vigésimo primero (masculino), o vigesimoprimera o vigésima primera (femenino). Así lo pone el DPD:

> 21.º (21.er), 21.ª, XXI: vigesimoprimero o vigésimo primero (apocopado vigesimoprimer o vigésimo primer), fem. vigesimoprimera o vigésima primera

Notemos que si son dos palabras, la marca de género se aplica a ambas (vigésima primera; vigésimo primero).

El mismo criterio se aplica para los ordinales siguientes:

> 22.º, 22.ª, etc., XXII: vigesimosegundo o vigésimo segundo, fem. vigesimosegunda o vigésima segunda, etc.

> 28.º, 28.ª, XXVIII: vigesimoctavo o vigésimo octavo, fem. vigesimoctava o vigésima octava.

> 30.º, 30.ª, XXX: trigésimo, fem. trigésima

> 31.º (31.er), 31.ª, etc., XXXI: trigésimo primero (apocopado trigésimo primer), fem. trigésima primera, etc.

Ortografía

¿Cafesito o cafecito? La ortografía de los diminutivos

Me preguntaban esta mañana cómo se escribían los diminutivos de palabras como café y almuerzo. Añadía la persona que inquiría que era importante saberlo, pues los guatemaltecos utilizamos muchos diminutivos. Pues bien, la regla es sencilla: **Si la palabra de origen tiene ese en la última sílaba, la conserva en la terminación -ito, -ita; si no lleva ese debe usarse** *-cito, -cita*. **En los casos en que el primitivo lleva zeta ésta se convierte en ce.** Resulta fácil aplicarla a las palabras anteriores: café da CAFECITO, puesto que la palabra de origen no tiene ese; almuerzo se convierte en ALMUERCITO: la zeta se convierte en ce. A decir verdad, no existe la terminación -sito, -sita para indicar diminutivos. ¿Y qué pasa entonces con 'pesito' o 'vasito'? Evidentemente, van con ese. Lo que sucede en tales casos es que la palabra de origen (primitivo) tiene **una ese que debe conservarse junto a la terminación** *-ito, -ita*:

Los siguientes ejemplos ilustrarán este punto:

(1)	peSo	peSito	(9)	puerta	puerteCita
(2)	paSo	paSito	(10)	vidrio	vidrieCito
(3)	vaSo	vaSito	(11)	botón	botonCito
(4)	piSo	piSito	(12)	bastón	bastonCito
(5)	hueSo	hueSito	(13)	raza	raCita
(6)	InéS	IneSita	(14)	arroz	arroCito
(7)	TereSa	TereSita	(15)	terraZa	terraCita
(8)	Andrés	AndreSito	(16)	tenaza	tenacita

¿Ve la diferencia? Los de la columna de la izquierda tienen una S en la palabra primitiva, y por lo tanto, ésta se conserva al añadir -ITO. A veces se produce una **doble grafía de S o C**. En tales casos es necesario pensar (y sobre todo fijarse) en la palabra de origen (primitivo) para resolver su ortografía. Veamos algunos ejemplos:

(17) paSo	pasillo	(19) hueso	hueSillo
(18) carbón	carbonCillo	(20) maSa	masilla

De acuerdo a esta misma fórmula deberán resolverse las dudas que se le produzcan con las terminaciones -ILLO -CILLO. Ejemplos:

paSo – pasillo; hueso – hueSillo; carbón – carbonCillo; maSa – masilla

Areópago

El tribunal superior de la antigua Atenas era el areópago, no el *aerópago. El papa Juan Pablo II se refirió a los modernos medios de comunicación como los «areópagos modernos», en alusión a los discursos de san Pablo en aquel tribunal. Pero hay que tener cuidado con identificar este lugar con un simple auditorio. Por otra parte, también conviene saber que esta palabra tiene un sentido peyorativo:

> 2. m. Grupo de personas graves a quienes se atribuye, las más veces irónicamente, predominio o autoridad para resolver ciertos asuntos.

CD, DVD

El plural de CD y DVD, por ser siglas, es CD y DVD. Es decir, no se añade ese al final (CDs, DVDs), aunque en la lengua oral se diga cedés (o sedés) y deuvedé.

Cebiche, ceviche y seviche

La Academia acepta las tres formas, sin embargo, prefiere la primera: «cebiche». El cebiche, de acuerdo al DRAE, es

> (Quizá delár. hisp. *assukkabáǧ,* y este del ár. *sikbāǧ*).

> **1.** m. *Am.* Plato de pescado o marisco crudo cortado en trozos pequeños y preparado en un adobo de jugo de limón o naranja agria, cebolla picada, sal y ají.

Continuo

El sustantivo «continuo» no lleva tilde («contínuo»), a menos que se trate del verbo conjugado en presente de indicativo, primera persona del singular («yo continúo»).

Cortoplazista

¿Cómo se escribe: «pazifista» o «pacifista»? Todos sabemos que el adjetivo derivado de «paz» es «pacifista». De manera análoga, el derivado de corto plazo es «cortoplacista», no «cortoplazista», como ponen aquí:

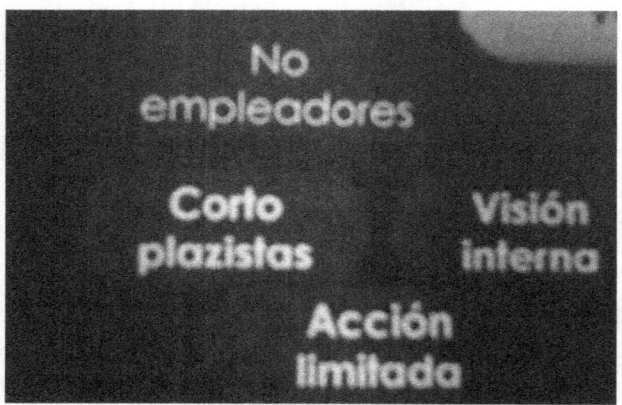

Harmonía

No es incorrecto ni falta de ortografía escribir «harmonía» (con hache), pero la forma preferida por la Academia es «armonía» (sin hache). Se puede escribir «harmonía» porque esta forma refleja más adecuadamente su origen. Como dice el DRAE, «armonía» procede «del lat. *harmonĭa,* y este del gr. ἁρμονία, de ἁρμός, ajustamiento, combinación». Notemos que la palabra latina es con hache; de igual forma, en griego lleva un espíritu áspero, que equivale a una aspiración antes de la vocal.

Intensión e intención

La determinación de la voluntad en orden a un fin es la intención de un agente. Se escribe con ce, no con ese. El error de escribir intención con ese (intensión) se debe, probablemente, a que extensión se escribe con ese. Existe el término «intensión», que se usa (poco) para referirse a la intensidad o grado de fuerza con que se manifiesta un agente natural, o bien, al conjunto de notas o características de un ente (también llamada «comprensión» de un término).

Méjico

En España, algunas personas escriben Méjico en lugar de México. La Academia recomienda dejar la ortografía original (México). Esto es lo que nos dice el *Diccionario Panhispánico de Dudas*:

> **México**. La grafía recomendada para este topónimo es México, y su pronunciación correcta, [méjiko] (no [méksiko]). También se recomienda escribir con x todos sus derivados: mexicano, mexicanismo, etc. (pron. [mejikáno, mejikanísmo, etc.]). La aparente falta de correspondencia entre grafía y pronunciación se debe a que la letra x que aparece en la forma escrita de este y otros topónimos americanos (→ Oaxaca y Texas) conserva el valor que tenía en épocas antiguas del idioma, en las que representaba el sonido que hoy corresponde a la letra j (→ x, 3 y 4). Este arcaísmo ortográfico se conservó en México y, por extensión, en el español de América, mientras que en España, las grafías usuales hasta no hace mucho eran Méjico, mejicano, etc. Aunque son también correctas las formas con j, se recomiendan las grafías con x por ser las usadas en el propio país y, mayoritariamente, en el resto de Hispanoamérica.

Norte, sur, este, oeste

Los nombres de los puntos cardinales (norte, sur, este, oeste, etc.) se escriben con inicial minúscula.

Representación de los ordinales

La representación numérica de los ordinales también está normada por la Academia. Así, por ejemplo, tercer año se escribe «3.ᵉʳ año», no «3er año» o «3 año». A continuación, copio un cuadro con la representación numérica (en arábigos y romanos) y la representación lingüística de los ordinales. (Fuente: DPD.)

arábigo	romano	numeral ordinal
1.º (1.ᵉʳ), 1.ª	I	primero (*apocopado* primer), *fem.* primera
2.º, 2.ª	II	segundo, *fem.* segunda
3.º (3.ᵉʳ), 3.ª	III	tercero (*apocopado* tercer), *fem.* tercera
4.º, 4.ª	IV	cuarto, *fem.* cuarta
5.º, 5.ª	V	quinto, *fem.* quinta
6.º, 6.ª	VI	sexto, *fem.* sexta
7.º, 7.ª	VII	séptimo, *fem.* séptima (*también* sétimo, -ma)
8.º, 8.ª	VIII	octavo, *fem.* octava
9.º, 9.ª	IX	noveno, *fem.* novena (*hoy raro* nono, -na)
10.º, 10.ª	X	décimo, *fem.* décima
11.º, 11.ª	XI	undécimo, *fem.* undécima (*también, modernamente,* decimoprimero *o* décimo primero; *apocopado* decimoprimer *o* décimo primer; *fem.* decimoprimera *o* décima primera)
12.º, 12.ª	XII	duodécimo, *fem.* duodécima (*también, modernamente,* decimosegundo *o* décimo segundo, *fem.* decimosegunda *o* décima segunda)
13.º (13.ᵉʳ), 13.ª	XIII	decimotercero *o* décimo tercero (*apocopado* decimotercer *o* décimo tercer), *fem.* decimotercera *o* décima tercera
14.º, 14.ª, *etc.*	XIV	decimocuarto *o* décimo cuarto, *fem.* decimocuarta *o* décima cuarta, *etc.*
20.º, 20.ª	XX	vigésimo, *fem.* vigésima
21.º (21.ᵉʳ), 21.ª	XXI	vigesimoprimero *o* vigésimo primero (*apocopado* vigesimoprimer *o* vigésimo primer), *fem.* vigesimoprimera *o* vigésima primera
22.º, 22.ª, *etc.*	XXII	vigesimosegundo *o* vigésimo segundo, *fem.* vigesimosegunda *o* vigésima segunda, *etc.*

arábigo	romano	numeral ordinal
28.º, 28.ª	XXVIII	vigesimoctavo *o* vigésimo octavo, *fem.* vigesimoctava *o* vigésima octava
30.º, 30.ª	XXX	trigésimo, *fem.* trigésima
31.º (31.er), 31.ª, *etc.*	XXXI	trigésimo primero (*apocopado* trigésimo primer), *fem.* trigésima primera, *etc.*
40.º	XL	cuadragésimo
50.º	L	quincuagésimo
60.º	LX	sexagésimo
70.º	LXX	septuagésimo
80.º	LXXX	octogésimo
90.º	XC	nonagésimo
100.º	C	centésimo
101.º (101.er), 101.ª	CI	centésimo primero (*apocopado* centésimo primer), *fem.* centésima primera
120.º, 120.ª	CXX	centésimo vigésimo, *fem.* centésima vigésima
134.º, 134.ª	CXXXIV	centésimo trigésimo cuarto, *fem.* centésima trigésima cuarta
200.º	CC	ducentésimo
300.º	CCC	tricentésimo
400.º	CD	cuadringentésimo
500.º	D	quingentésimo
600.º	DC	sexcentésimo
700.º	DCC	septingentésimo
800.º	DCCC	octingentésimo
900.º	CM	noningentésimo
1000.º	M	milésimo
1248.º	MCCXLVIII	milésimo ducentésimo cuadragésimo octavo
2000.º	MM	dosmilésimo
3000.º, *etc.*	MMM	tresmilésimo, *etc.*

Seudo

La Academia ya admite que escribamos «seudo» en lugar de «pseudo» (falso). Además, se debe escribir unido a la palabra que prefija. Por ejemplo: Seudópodo, seudocientífico.

Uso del dígrafo rr en palabras compuestas o prefijadas
Por Rosa Mendoza de Hernández

La *Ortografía de la lengua española* indica que en las palabras compuestas o formadas por un prefijo, debe usarse **rr** cuando el fonema /**rr**/ queda entre dos vocales, aunque la palabra simple se escriba con una sola letra r.

Así anti + robo se escribe anti**rr**obo porque la **rr** queda entre las vocales i y o.

Por la misma razón se usa **rr** en las siguientes palabras:

infra	+	rojo	=	infra**rr**ojo
pre	+	románico	=	pre**rr**ománico
vice	+	rector	=	vice**rr**ector
guarda	+	ropa		= guarda**rr**opa
haz	+	me + reír	=	hazme**rr**eír

Viacrucis
Por Rosa Mendoza de Hernández

El DRAE (22.ª ed., 2001) registra únicamente la grafía **vía crucis** como palabra compuesta con tilde en la primera, mientras que el DPD (1.ª ed., 2005) registra ambas formas: **víacrucis** y **viacrucis,** aunque recomienda el empleo de la grafía simple **viacrucis**.

La *Ortografía de la lengua española* (2010) explica que **vía crucis,** al igual que otras locuciones o expresiones pluriverbales, por la pérdida de tonicidad de sus primeros formantes y debido a su comportamiento fónico y semántico como palabra simple, acaba admitiendo su escritura en una sola palabra gráfica: **viacrucis** que sigue las reglas de acentuación de las palabras llanas, por lo que se escribe sin tilde. Sin embargo, la *Ortografía de la lengua española* admite ambas formas de escritura, y no se pronuncia a favor de ninguna de las dos (pág. 273).

Por ser la *Nueva ortografía de la lengua española* la obra más reciente de la Academia, la misma prevalece sobre las anteriores, de manera que las formas **vía crucis** y **viacrucis** pueden tomarse como correctas.

Prefijos

Auto- y anti-

En una entrada anterior dije que no entendía por qué el prefijo «ex» va separado del sustantivo al que modifica. Vimos que en el propio diccionario de la Academia ponen «excombatiente», violando su propia regla. En el caso de los prefijos «anti» y «auto» el buen criterio sí prevalece: van unidos a la palabra a la que modifican. Así, se dice «autorregulación», y no «auto regulación»; «antiético» y no «anti ético».

Co-

Leo en el diario *El País* del 13 de agosto:

> Su nombre es Larry Sanger y es co fundador de Wikipedia, aunque su exsocio Jimmy Wales, se empeñe en negarlo.

Y más adelante ponen:

> La fama pertenece a Jimmy Wales, el otro co-fundador que meses antes de crear la enciclopedia online era su jefe en Nupedia, el antecesor de la enciclopedia virtual.

Me llamó la atención que escribieran «co fundador» y «co-fundador». ¡Parece que no están muy seguros de la ortografía!

Así como «coetáneo» o «coacusado» no son dos palabras sino una sola (Cf. «con», en el DRAE), debe escribirse «cofundador».

Por cierto, recomiendo el artículo (se puede leer en http://bit.ly/cKnaVV).

Ex

No comparto el criterio de la Academia, pero no me queda más remedio que aceptarlo. Se trata del prefijo ex. En mi opinión, como cualquier prefijo, ex debería anteponerse a la palabra a la que modifica, de manera que deberíamos escribir exesposo, expresidente, exministro, etcétera. Pero no. La Real Academia dice que es una palabra independiente, y que las palabras anteriores se deben escribir así: ex esposo, ex presidente, ex ministro. En fin, conviene saberlo.

Actualización: en la nueva Ortografía (2010), este error ya se ha corregido. Copio la aclaración que la RAE da en su página «Respuestas a las preguntas más frecuentes»:

> Para este prefijo se venía prescribiendo hasta ahora la escritura separada —con independencia de la naturaleza simple o compleja de su base— cuando, con el sentido de «que fue y ya no es», se antepone a sustantivos que denotan ocupaciones, cargos, relaciones o parentescos alterables y otro tipo de situaciones circunstanciales de las personas. A partir de esta edición de la ortografía [2010], *ex-* debe someterse a las normas generales que rigen para la escritura de todos los prefijos y, por tanto, se escribirá unido a la base si esta es univerbal (*exjugador, exnovio, expresidente,* etc.), aunque la palabra prefijada pueda llevar un complemento o adjetivo especificativo detrás: *exjugador del Real Madrid, exnovio de mi hermana, expresidente brasileño,* etc.; y se escribirá separado de la base si esta es pluriverbal: *ex cabeza rapada, ex número uno, ex teniente de alcalde, ex primera dama,* etc. (Fuente: RAE, "Respuestas a las preguntas más frecuentes", en http://goo.gl/E1Hs1, consultado el 19 de julio de 2012).

Posgrado

La forma correcta de referirse al ciclo de estudios de especialización posterior a la graduación o licenciatura es posgrado, no postgrado ni post-grado o post grado.

Postmoderno

Se puede escribir postmoderno, pero es preferible la forma posmoderno. No son aceptables, sin embargo: post moderno, post-moderno ni pos-moderno.

Pre-

El prefijo *pre-*, que significa anterioridad local o temporal, prioridad o encarecimiento, no va separado del sustantivo al que precede. No es correcto, por lo tanto, escribir pre cristiano, o pre calentamiento, por poner dos ejemplos. Se dice, sencillamente, precristiano y precalentamiento. Otros ejemplos: prebélico, preelectoral, prehistórico.

Preposiciones

¿«Con base en» o «en base a»?
Por Rosa Mendoza de Hernández

Las locuciones prepositivas son expresiones constituidas por varias palabras que adquieren conjuntamente el sentido gramatical de las preposiciones.

Con base en es una locución prepositiva correspondiente a la pauta: preposición + sustantivo + preposición.

La variante **en base a** es un probable calco del italiano y se considera incorrecta.

Es por eso que debemos evitar decir:

⁎Actuó en base al reglamento.

Lo correcto es decir:

Actuó **con base en** el reglamento.

Actuó **sobre la base** del reglamento.

Actuó según el reglamento.

Fuente:
Asociación de Academias de la Lengua Española. *Nueva gramática de la lengua española*. Madrid: Espasa, 2009.

¿«De acuerdo a» o «de acuerdo con»?
Probablemente por influjo del inglés *according to* algunas personas dicen «de acuerdo a», cuando la norma culta prefiere «de acuerdo con». Esta locución proposicional, como sabemos, significa «según o conforme a».

El siempre útil *Diccionario panhispánico de dudas* aclara que «de acuerdo a» solo es «válida si lo que introduce se refiere a cosas: "Aquello que en la vida real es o debe ser reprimido de acuerdo a la moral reinante [...] *encuentra en ella refugio*" (V Llosa *Verdad* [Perú 2002]); "Nosotros continuaremos de acuerdo a lo planeado"(Allende *Ciudad* [Chile 2002]).»

¿Delante de mí o delante mío?
Por Rosa Mendoza de Hernández

La NGLE indica que los adverbios de lugar o ubicación:

delante/ detrás,

encima/ debajo

dentro/ fuera

cerca / lejos

se construyen siempre con complemento preposicional, es decir, con preposición + nombre.

La combinación de dichos adverbios con posesivos tónicos (mío, tuyo, suyo) es propia de la lengua coloquial y se percibe como construcción no recomendable en la lengua culta.

De manera que la NGLE recomienda decir:

Caminaba delante de mí. frente a *Caminaba delante mío.*

Anda detrás de ella. y no *Anda detrás suyo.*

Fuente:
Asociación de Academias de la Lengua Española. *Nueva gramática de la lengua española*. Madrid: Espasa, 2009.

«A favor de» mejor que «en favor de»

En Guatemala, es frecuente que digamos «**en** favor de» (como en la oración «se hizo una colecta en favor de los niños pobres»). Según el *Diccionario panhispánico de dudas*, es preferible la expresión «**a** favor de»:

> Por influjo de la expresión antónima en contra, a veces, especialmente en América, se sustituye la preposición a por en y se dice en favor (de); esta sustitución se ve favorecida por el uso normal de en favor de con el sentido de "en beneficio o provecho de" (→ a), y resulta admisible cuando el complemento con de está explícito: «Una refutación y un alegato en favor de la reapertura de relaciones con el régimen dominicano» (V Llosa *Fiesta* [Perú 2000]); por el contrario, la sustitución de a por en resulta anómala y es desaconsejable cuando el complemento con de no está explícito: *«La bancada del PLN permitió a los congresistas que estaban en favor ir en sentido contrario al resto del grupo» (Nación [C. Rica] 12.9.96).

«A» ante nombres comunes que designan objetos inanimados

En *Prensa Libre* del sábado 8 de septiembre leo el siguiente titular:

> BCE vigilará a bancos dentro de la Eurozona.

No es correcto decir que el Banco Central Europeo vigilará a bancos. Lo correcto es:

> BCE vigilará bancos dentro de la Eurozona.

> No debe usarse la preposición «a» ante objetos comunes que designan objetos inanimados (Cf. DPD, lema «a»).

«A» antes de objeto directo

No es un error frecuente entre nosotros, pero hoy lo escuché: «entremos a las pericas». Cuando el objeto directo (en este caso, «las pericas») es un objeto inanimado o un animal, no se usa la preposición «a»; lo correcto, entonces, es «entremos las pericas». Se usa «a» cuando el objeto es una persona o un animal personificado. Por ejemplo: «díselo a Luis», «trae a Canito (mi perro)». Las reglas completas sobre cuándo utilizar «a» se encuentran en el *Diccionario panhispánico de dudas*, disponible en http://rae.es.

En honor de

En Guatemala, un pastor evangélico ha publicado un libro con el título *En honor al Espíritu Santo*. La duda que surge es si debe decirse «en honor a» o «en honor de».

Según el DPD, cuando «en honor» significa «como homenaje a alguien o a algo»

> el complemento que expresa la persona o cosa homenajeada va introducido por la preposición *de: «En honor de tan distinguido huésped, se organizaron grandes festejos»* (Leyva *Piñata* [Méx. 1984]); aunque es menos recomendable, también puede usarse la preposición *a: «El festín en honor a nuestro gordito y feliz soberano se celebraba en una gran jaima»* (Vicent *Balada* [Esp. 1987]).

Por otra parte, cuando honor

> significa «en atención, o por respeto, a alguien o algo», se usan indistintamente ambas preposiciones: *«Don Luis Ortiz, quien en honorasus anfitriones no lloró»* (L Tena *Renglones* [Esp. 1979]); *«En honor de la verdad, jamás he sido dado a lisonjas»* (Chávez *Batallador* [Méx. 1986]). (DPD).

Me parece que, en el caso del libro mencionado, se está usando honor en el primer sentido, y por lo tanto es preferible decir E*n honor del Espíritu Santo*.

Miedo a

«Miedo a» y «miedo de» no significan exactamente lo mismo. La primera expresión es la más frecuente. El DRAE la define como

> 1. locs. advs. ants. Por miedo, de miedo, o con miedo.

«Miedo de», en cambio, se usa «para ponderar algo», como cuando decimos «tengo miedo de lanzarme a esa aventura». Para el DRAE, «miedo de» es

> 1. loc. adj. coloq. U. para ponderar algo. Hace un frío de miedo. Fulanita está de miedo. U. t. c. loc. adv. Canta de miedo. Presume de miedo.

Recelar a

«Recelar» se construye como transitivo cuando equivale a temer («Él recelaba que la disputa acabara en guerra»; «Recelaba acudir a la reunión»), o bien como intransitivo, en cuyo caso lleva un complemento introducido por la preposición de (Los teólogos recelaban de los filósofos). En este caso, recelar equivale a desconfiar.

No es correcta, por lo tanto, la expresión «recelar a».

Pronombres

«Se lo» y «se los»

Tengo unos amigos que se reúnen mensualmente a comentar alguna obra literaria, y pienso regalarles un libro. ¿Cómo se dice: «se lo regalo» o «se los regalo»?

La forma correcta es «se lo regalo», pues en este caso, «se» es el objeto indirecto (a ellos) y «lo» el objeto directo (el regalo; un solo libro).

Compárese con las palabras de la consagración en la Misa: «Partió el pan y se lo dio (a los apóstoles), diciendo...»

Propiedad en el uso

Abocarse

«Abocar(se)», como verbo transitivo, significa «conducir [a alguien] a un determinado lugar o situación» (DPD). En las oficinas o dependencias administrativas, es frecuente que a uno le digan «abóquese con tal persona». Este uso se aproxima a la sexta acepción que da el DRAE de «abocar», es decir:

> **6.** prnl. Dicho de una o más personas: Juntarse de concierto con otra u otras para tratar un negocio." El Diccionario panhispánico de dudas registra el uso al que me refiero al principio. En efecto, dice el DPD: "Con la preposición *con* significa "reunirse con alguien para tratar un asunto": *«Tratando de ahondar al respecto, La Prensa se abocó con psicólogas para conocer sus puntos de vista»* (*Prensa* [Nic.] 24.11.00).

«Abocarse a» tiene otro uso. En América se usa con el sentido de «dedicarse de lleno a una actividad», o «encaminarse o dirigirse de modo inexorable a una situación, generalmente negativa» (DPD).

Antigua Guatemala

Muchas personas se refieren a la antigua capital del Reino de Guatemala (Antigua Guatemala) como una ciudad colonial. De acuerdo con el Dr. Gustavo González Villanueva, no es correcto aplicar el adjetivo «colonial» a la ciudad de Santiago (que este es su nombre original), pues Guatemala nunca fue colonia de España, como tampoco lo fue ninguno de los territorios americanos que se incorporaron a la Corona española. El concepto de colonización es propio del proceso de poblamiento de naciones como Inglaterra, que sí crearon colonias en Norteamérica. España no fundó colonias, sino que conquistó reinos. Una vez conquistados, estos reinos pasaron a formar parte de España, y sus habitantes se convirtieron en súbditos de los monarcas. La observación del Dr. González me parece muy acertada. Propongo que en lugar de llamar a Antigua Guatemala «ciudad colonial» la llamemos «ciudad real» o «ciudad realenga».

Bajura

Lo contrario de altura no es bajeza, sino bajura. Bajeza es:

1. f. Hecho vil o acción indigna.

2. f. Cualidad de **bajo** (‖ruin o mezquino). *Bajeza de ánimo, de miras, de nacimiento.*

3. f. Abatimiento, humillación, condición de humildad o inferioridad.

4. f. ant. Lugar bajo u hondo.

Por el contrario, bajura es

1. f. Falta de elevación.

Bizarro

En el editorial de *Pensa Libre* de hoy, 5 de septiembre, leo que

> el presidente del Congreso, Gudy Rivera, se puso a cabildear con otros diputados y de inmediato se enfrascaron en discusiones bizarras sobre otras enmiendas (…)

No sé qué se quiere decir ahí por «discusiones bizarras». Según el DRAE, «bizarro» significa

(De it. bizzarro 'iracundo').

1. adj. valiente (‖ arriesgado).

2. adj. Generoso, lucido, espléndido.

¿Querrán decir que se enfrascaron en discusiones valientes, lúcidas y espléndidas? Es posible, pero más me parece se han dejado llevar por un falso amigo. En efecto, *bizarre*, en inglés, significa muy extraño o inusual. De manera que *bizarre* no significa lo mismo que bizarro. En español, ese adjetivo se aplica más bien a personas; en inglés, a situaciones raras o extrañas.

Coerción y coacción
«Coerción» y «coacción» son dos sustantivos de origen latino con significados muy cercanos. El DRAE nos dice que el primero significa

> 1. f. Presión ejercida sobre alguien para forzar su voluntad o su conducta. Sobran amenazas y coerciones.

> 2. f. Represión, inhibición, restricción. La libertad no es solo ausencia de coerción,

mientras que el segundo, «coacción», significa

> 1. f. Fuerza o violencia que se hace a alguien para obligarlo a que diga o ejecute algo.

> 2. f. Der. Poder legítimo del derecho para imponer su cumplimiento o prevalecer sobre su infracción.

Si nos fijamos únicamente en la primera acepción, en ambos casos, vemos que la diferencia es de matiz: mientras que la coerción es una presión para forzar la voluntad de alguien, la coacción es una fuerza mayor, dirigida a obligar a alguien a que diga o haga algo. La coerción es, también, una represión, inhibición o restricción; coacción, en cambio, no se usa con este último sentido.

Por otra parte, es de notar que existe el verbo coaccionar, pero no coercionar. Es correcto decir «me están coaccionando», pero no «me están coercionando».

Creatura y criatura
«Creatura» y «criatura» son lo mismo, pero la Academia prefiere la forma «criatura».

Descendencia y ascendencia
En la sección «Famosos» de *Prensa Libre* se publicó la siguiente noticia: «El guitarrista norteamericano de descendencia mexicana fue parte del Festival (...)».

«Descendencia» significa

1. f. Conjunto de hijos, nietos y demás generaciones sucesivas por línea recta descendente.

2. f. Casta, linaje, estirpe.

De acuerdo con la segunda acepción, el uso de «descendencia» estaría correcto. Sin embargo, es más apropiado en este caso escribir «ascendencia», que no da lugar a equívocos:

ascendencia.

1. f. Serie de ascendientes o antecesores de alguien.

2. f. Origen, procedencia de algo.

O bien, decir simplemente «de origen» mexicano.

Desesperar y exasperar

Aunque el DRAE incluye entre las acepciones de «desesperar» la de «exasperar», estos dos verbos tienen origen y significado un tanto distintos.

«Desesperar», obviamente, significa «perder la esperanza», «impacientarse». Viene de «esperar». «Exasperar», en cambio, viene del latín *exasperare*, y significa

1. tr. Lastimar, irritar una parte dolorida o delicada.

2. tr. Irritar, enfurecer, dar motivo de enojo grande a alguien.

De manera que no es lo mismo decir que estamos desesperados a decir que estamos exasperados. Si estamos desesperados, estamos molestos por la espera, que sentimos que no termina. Si nos sentimos exasperados, en cambio, estamos lastimados, irritados y enfurecidos, no necesariamente por la espera.

Euforia

En el diario *el Periódico* del sábado 8 de septiembre leo que una banda de supuestos violadores continuará en prisión. Me alegra saberlo. Pero me hace reír un poco ver cómo el periodista confunde furia con euforia, cuando dice que

> Mientras el ente acusador relataba los hechos por los cuales acusa a los sindicados, una mujer que se encontraba en el público pidió la palabra a gritos. Flores no consiguió callarla pues la señora estaba eufórica y en una breve intervención dijo a la jueza que «la acusación era una serie de estupideces e inventos del MP», luego abandonó la sala de audiencias.

Euforia es una palabra griega (εὐφορία) adoptada por nuestro idioma que significa, de acuerdo al DRAE, lo siguiente:

1. f. Capacidad para soportar el dolor y las adversidades.

2. f. Sensación de bienestar, resultado de una perfecta salud o de la administración de medicamentos o drogas.

3. f. Estado de ánimo propenso al optimismo.

Ninguna de esas acepciones encaja con el estado de ánimo de la mencionada señora. Por lo que leemos, estaría furiosa, pero no eufórica.

Por cierto, me parece que esta lista de acepciones, en el orden que las presenta el diccionario, merece una revisión. A pesar de que la primera acepción es la más cercana al significado originario (*eu* + *pherein*, soportar), casi nadie usa la palabra «euforia» en ese sentido. Es mucho más corriente asociarla con un estado de alegría intenso, o con una sensación de bienestar.

Fiscalizar

El 8 de enero de 2010 leí en la portada de *Prensa Libre*: «Preparan batalla para fiscalizar la elección de Fiscal». Lo primero que me molestó fue la repetición: parecía cosa de broma. Y cuando pensaba con qué palabra reemplazaría yo «fiscalizar» me encontré con la sorpresa de que ese verbo se está empleando mal. En efecto, dice el DRAE que «fiscalizar» es «criticar y traer a juicio las acciones u obras de alguien». No significa vigilar ni supervisar, como se da a entender en esa noticia y en muchas otras que han aparecido en los últimos años.

Lo que se está diciendo al afirmar que se prepara una batalla para fiscalizar la elección del Fiscal, es que se prepara una batalla para criticar y traer a juicio el proceso de elección del Fiscal. Y creo que no es eso lo que pretendieron comunicar, sino que se prepararan para vigilar ese proceso.

Intangible e intocable

Escuchaba en Radio Francia Internacional las declaraciones de un líder sindical peruano, sobre cierto problema minero en su país. Decía él que las reservas naturales de Perú eran «intangibles». Aunque el DRAE nos dice que intangible significa «que no debe o no puede tocarse», en este caso sería mejor emplear intocable, definido por el mismo diccionario como «que no se puede tocar». Normalmente, al hablar de lo intangible nos referimos a cosas como la música, el lenguaje, el pensamiento, pero no a montañas o reservas naturales.

La vida no es un privilegio

«La vida es un privilegio», leí esta tarde en una inmensa valla publicitaria, mientras transitaba a paso de tortuga por el bulevar Liberación. La lentitud del tránsito me permitió volver a leer la valla; sí, había leído bien. Y me fijé qué se anunciaba: la tarjeta Libre, de *Prensa Libre*. Supongo que la intención de esa empresa es transmitir el mensaje de que con su tarjeta obtenemos muchos privilegios. Si ya es triste llamar privilegios a los descuentos, decir que la vida es un privilegio me parece un insulto.

Nefasto y funesto

Ayer escuchaba a un ciudadano referirse a la Procuraduría de Derechos Humanos como una institución «nefasta». También pudo decirle «funesta». ¿Cuál es la diferencia entre estos dos adjetivos?

El DRAE define nefasto como

1. adj. Dicho de un día o de cualquier otra división del tiempo: Triste, funesto, ominoso.

2. adj. Dicho de una persona o de una cosa: Desgraciada o detestable. Nefasto gobernante. Nefasto matrimonio.

Ahora bien, si nos atenemos a la etimología, tal vez habría sido mejor utilizar el adjetivo funesto para referirse a la Procuraduría. En efecto, nos dice el *Nuevo Diccionario Etimológico Latín-Español* de Santiago Segura Munguía que *nefastus*, en latín, significa

> prohibido por la ley divina; nefasto, nefando, funesto, impío, ilícito, prohibido, vedado, maldito, desgraciado, desfavorable, siniestro.

Las raíces de esta palabra son el adverbio *-ne* (no) y el adjetivo *fastus* (fasto), que significa »autorizado por la ley divina o por el derecho religioso«. De esta cuenta, los días nefastos, para los romanos, eran aquellos en los que no se podía administrar justicia.

Funesto, en cambio, significa, en español,

1. adj. Aciago, que es origen de pesares o de ruina.

2. adj. Triste y desgraciado.

Tal vez lo que el ciudadano que escuché quiso decir es que la Procuraduría es origen de pesares y de ruina, más que de soluciones. Funesto, obviamente, viene del latín funestus, que significa

> fúnebre, funerario; desgraciado, desolador; funesto, siniestro, de mal agüero, fatal, mortal (*Nuevo Diccionario Etimológico Latín-Español*)

Obviar

Obviar no significa hacer caso omiso. Según el DRAE, obviar, como verbo transitivo, significa «evitar, rehuir, apartar y quitar de en medio obstáculos o inconvenientes». Así, el sentido de la oración «vamos a obviar esta objeción» no es «vamos a ignorar esta objeción», sino «vamos a hacer lo posible por disolver y eliminar esta objeción». No es lo mismo ignorar o hacer caso omiso que apartar, por algún medio, una dificultad o una objeción. Es posible que la confusión se deba a que se asocia obviar con obvio. Lo que es obvio puede ignorarse, pero una dificultad o una objeción válida no es obvia, sino que necesita obviarse. Véase, por ejemplo, el uso legítimo de obviar en esta frase: «el artículo 186 obvia la inscripción de N. como candidato».

Precisión

Leyendo el diálogo *Eutifrón*, de Platón, encontré algo que me pareció extraño. Cuando Sócrates pregunta al sacerdote Eutifrón qué entiende él por piedad, este le contesta:

> Así lo haré para otra ocasión, Sócrates, porque en este momento tengo **precisión** de dejarte.

Además de exactitud, precisión significa:

> Obligación o necesidad indispensable que fuerza y precisa a ejecutar algo (DRAE),

de manera que el traductor de Platón sí está empleando bien la palabra precisión. Pero el asunto no termina aquí. El texto griego original dice:

> εἰς αὖθις τοίνυν, ὦ Σώκρατες· νῦν γὰρ σπεύδω ποι, καί μοι ὥρα ἀπιέναι.

σπεύδω significa tener prisa. Por eso, Benajamin Jowett, el más célebre traductor de los diálogos de Platón, tradujo este pasaje de la siguiente forma:

> *Another time, Socrates; for I am in a hurry, and must go now.*

En suma, prisa no es lo mismo que precisión, y precisión significa, además de exactitud, obligación o necesidad que fuerza a ejecutar algo.

Prioridad

En un discurso pronunciado con ocasión de las Jornada Mundial de la Juventud en Madrid, el Rey Juan Carlos I dijo que ciertas cosas debían ser «las primeras prioridades». Una prioridad es algo que precede a otra cosa, en tiempo o en orden. Forzando un poco el sentido, podríamos decir que entre las cosas que preceden a otras, algunas van primero. Pero no me parece necesario decir «primeras prioridades»; creo que es redundante, y que basta con decir que tales o cuales cosas son nuestras prioridades, o que tienen importancia prioritaria.

Sembrar y plantar

Las semillas se siembran; los árboles se plantan. No es correcto, por lo tanto, decir «sembremos un árbol».

Sindicar

En el editorial de *Prensa Libre* del 14 de septiembre de 2012, se dice que

> Ayer fue capturado junto a otras 10 personas el alcalde de Antigua Guatemala, Adolfo Vivar, quien está sindicado de supuestos actos de corrupción, entre ellos lavado de dinero, asociación ilícita, obstrucción a la justicia, abuso de autoridad, incumplimiento de deberes, caso especial de estafa (…)

En la edición vigente del DRAE, el verbo transitivo sindicar (que viene de síndico), significa, entre otras cosas, acusar. Pero en el artículo enmendado esa acepción ya no aparece. Esto significa que en la 23.ª edición del DRAE, la definición que encontraremos de sindicar será:

> 1. tr. Vincular (dinero o valores de distintas titularidades) a una operación común. Sindicar un crédito.

2. tr. Unir (a varias personas) para formar un sindicato.

3. prnl. Entrar a formar parte de un sindicato.

Me parece correcto que hayan eliminado la acepción «acusar», y que el uso de este verbo se restrinja a las tres acepciones anteriores. Ojalá nuestros periodistas tomen nota de este cambio.

Por otra parte, me llama la atención que en el editorial se diga que el alcalde de Antigua esté acusado de «supuestos actos de corrupción», entre los cuales se mencionan «lavado de dinero, asociación ilícita, obstrucción a la justicia, abuso de autoridad, incumplimiento de deberes, caso especial de estafa». Pero esos actos no son de supuesta corrupción, sino de clara y abierta inmoralidad, ilegalidad y corrupción. Lo que un juez tiene que determinar es si el acusado efectivamente es culpable de esos actos de corrupción. Vivar, por lo tanto, está acusado de supuesta participación en actos de corrupción. La suposición no recae sobre los hechos, sino sobre la participación del sujeto en los mismos.

Solución de compromiso

Una «solución de compromiso» es una solución que se da o se admite **por obligación o necesidad, para complacer** (DRAE). No es necesariamente una solución intermedia, que satisfaga en parte a todas las partes interesadas.

Súper

«Super» es un elemento compositivo de otras palabras, y va sin tilde. El DRAE lo define de esta manera:

super-. (Del lat. super-).

1. elem. compos. Significa 'encima de'. Superestructura.

2. elem. compos. Puede significar también 'preeminencia' o 'excelencia'. Superintendente, superhombre, superdotado.

3. elem. compos. Significa 'en grado sumo'. Superfino.

4. elem. compos. Significa 'exceso'. Superproducción.

«Súper», en cambio, es un adjetivo independiente, y al tener pronunciación grave y terminar en erre, lleva tilde en la U. Así lo define el DRAE:

súper

(De super-, independizado de su uso como elem. compos.).

1. adj. Dicho de la gasolina: De octanaje superior al considerado normal. U. t. c. s. f.

2. adj. coloq. Superior, extraordinario.

3. adv. coloq. Superiormente, estupendamente.

Versátil

No sé qué quiso decir el periodista de *Prensa Libre* que escribió lo siguiente:

Paredes desarrolla una **temática versátil** en su producción artística.

Lo cierto es que la palabra versátil se ha vuelto un comodín. Algunos la consideran sinónimo de ágil. Pero veamos cuáles son sus significados, de acuerdo al diccionario:

Versátil.

(Del lat. **versatĭlis**).

1. adj. Que se vuelve o se puede volver fácilmente.

2. adj. Capaz de adaptarse con facilidad y rapidez a diversas funciones.

3. adj. De genio o carácter voluble e inconstante.

Ninguno de estos sentidos sirve para designar a la espinaca, como dice este pie de página de una nota en *Prensa Libre*:

La espinaca es tan versátil que puede utilizarse en variedad de platillos.

Violencia y delincuencia

Dice Daniel Cassany en su libro *La cocina de la escritura* que «las dificultades en la comunicación crean desconfianza y atentan contra la convivencia social». Yo veo una dificultad —o al menos poca claridad— en la comunicación que utilizan los medios escritos en Guatemala, en relación con la delincuencia. Vea, si no, la primera plana de el *Periódico* de hoy: «Violencia cobra vida de más de 5 mil personas, 442 eran menores de edad».

La violencia no es un agente que cobre vidas; es un medio o una forma por la que las personas mueren. Pero la violencia tiene una causa en nuestro país: la delincuencia. ¿Por qué no dicen claramente los señores periodistas que es la delincuencia la que está cobrando vidas? Mucha gente muere a diario víctima de la delincuencia. La violencia no se genera sola, ni estamos en una guerra. Son los delincuentes —ladrones, narcotraficantes, asesinos a sueldo— quienes están utilizando la violencia para lograr sus objetivos.

Volumen

A veces se habla de «volumen de lecturas», «volumen de trabajo», etc., para indicar cantidad. Por ejemplo, se dice: «el volumen de lecturas asignado no es muy alto». Entendemos que se quiere decir que la cantidad de lecturas es poca, pero este es un uso no reglamentario del sustantivo volumen. Copio todos los significados de volumen, del DRAE:

1. m. Corpulencia o bulto de algo.

2. m. Magnitud física que expresa la extensión de un cuerpo en tres dimensiones: largo, ancho y alto. Su unidad en el Sistema Internacional es el metro cúbico.

3. m. Cuerpo material de un libro encuadernado, ya contenga la obra completa, o uno o más tomos de ella, o ya lo constituyan dos o más escritos diferentes.

4. m. Intensidad del sonido.

5. m. Geom. Espacio ocupado por un cuerpo.

6. m. Numism. Grosor de una moneda o una medalla.

Puntuación

«¿Está enfermo?» o «Está ¿enfermo?»

País:

Alfonso Portillo está ¿enfermo o sano?

En menos de una semana se han practicado al menos cuatro exámenes médicos al ex mandatario Alfonso Portillo.

Por: JUAN MANUEL CASTILLO

El ex presidente Alfonso Portillo Cabrera se encuentra ¿enfermo o sano? Esa es la pregunta cuya respuesta aún no queda clara.
La semana pasada Portillo estuvo recluido en la cárcel de máxima seguridad Fraijanes II, pero el Tribunal Quinto de Sentencia no autorizó su estadía ahí. El viernes fue trasladado de Fraijanes II al Centro Preventivo de la zona 18. Y horas más tarde, a cuidados intensivos del Centro Médico Militar. La decisión fue tomada por las autoridades del Sistema Penitenciario (SP).

Foto: Luis Soto

Seguramente a ustedes les llamó la atención la noticia publicada hoy (23 de febrero de 2010) en *el Periódico*. Dice el titular: »Alfonso Portillo está ¿enfermo o sano?». En mi opinión, la forma correcta es «Portillo, ¿está enfermo o sano?». Compare esa frase con la siguiente: «¿Está usted enfermo o sano?»; no decimos ni escribimos: «Está usted ¿enfermo o sano?».

«Joven participa en política»

En una valla de un partido político se lee: «Joven participa en política». Puesto así, parece que nos están informando de que un joven participa en la política. En realidad, estas personas están lanzando una exhortativa a los jóvenes para que participen en política. En ese caso, debieron haber escrito: «Joven: ¡participa en política!».

Abuso de los puntos suspensivos

Habrán notado que el abuso de los puntos suspensivos en las vallas publicitarias se está extendiendo como una plaga. El famoso «y más…» parece casi una conclusión obligada de cualquier marca o producto que pretenda conquistar a los consumidores. Es como si trataran de decirnos con los puntos: «quédese pensando, imagine todo lo que quiera; nosotros le ofrecemos más que eso». Es una manifestación clara de falta de recursos lingüísticos. Cuando al autor ya no se le ocurre qué escribir, porque su cabeza no da para tanto, recurre a los puntos suspensivos: «¡que el lector piense o que me ayude a pensar!».

Si bien es cierto que, como dice la Ortografía de la Academia, «los puntos suspensivos suponen una interrupción de la oración o un final impreciso», debemos hacer el esfuerzo por no llenar nuestros escritos de imprecisiones.

Antilambda o diple

Sí: leyó bien. Antilambda o diple es el nombre oficial de los signos < o >, que muchos llamamos menor que y mayor que. Esta es la definición que da la Ortografía:

> La antilambda es un signo formado por dos líneas que convergen en un ángulo a la derecha (>) o a la izquierda (<). Esta denominación se debe a que su figura es similar a la de la forma mayúscula de la letra griega lambda, aunque dispuesta horizontalmente.

Barra

Algo muy sencillo, pero que conviene saber: el signo / se llama barra, no diagonal, ni *slash*.

Combinación de las comillas con otros signos
A diferencia del inglés, en el que los signos de puntuación van dentro de las comillas, en español se ponen fuera de las comillas.

La *Ortografía* de la Academia da las siguientes reglas:

> Los signos de puntuación correspondientes al período★ en el que va inserto el texto entre comillas se colocan siempre después de las comillas de cierre. Ejemplos:

> Sus palabras fueron: «No lo haré»; pero al final nos ayudó. ¿De verdad ha dicho: «Hasta luego»? ¡Menudo «collage»!

> El texto recogido dentro de las comillas tiene una puntuación independiente y lleva sus propios signos ortográficos. Por eso, si el enunciado entre comillas es interrogativo o exclamativo, los signos de interrogación y de exclamación se colocan dentro de estas. Ejemplos:

> Se dirigió al dependiente: «¿Por favor, ¿dónde puedo encontrar cañas de pescar?» «¡Qué ganas tengo de que lleguen las vacaciones!», exclamó.

Es interesante notar, también, que que los textos entrecomillados van con inicial mayúscula.

★Período: «Conjunto de oraciones que, enlazadas unas con otras gramaticalmente, adquieren sentido completo»

Comillas: latinas, inglesas y simples
Por lo general, en Iberoamérica usamos las comillas inglesas (" ") casi con exclusividad, mientras en que España prefieren las comillas latinas («»). Tenemos temor de usar las simples (' ') porque no sabemos exactamente cuál es su uso correcto.

La *Ortografía de la lengua española* nos dice que «es indistinto el uso de uno u otro tipo de comillas dobles; pero suelen alternarse cuando hay que utilizar comillas dentro de un texto ya entrecomillado».

El único uso específico de las comillas simples que menciona la *Ortografía* es el siguiente:

> **5.10.6.** Cuando se aclara el significado de una palabra, este se encierra entre comillas. En tal caso se prefiere utilizar comillas simples. Por ejemplo: «Espiar» ('acechar') no significa lo mismo que «expiar» las faltas.

Dos puntos después del saludo
Estimados amigos:

> En español, después del saludo en una carta o en un correo electrónico se usan dos puntos, no coma. En inglés se usa la coma, pero en español la norma es usar dos puntos.

La importancia de la coma
Son famosas las anécdotas sobre el cambio de significado que se produce al cambiar de lugar la coma. Pasemos un momento divertido con algunas:

> ★ Carlos V revisaba cada día las resoluciones de la Justicia y daba su visto bueno a las mismas. Para ello utilizaba una sola frase: **"Perdón, imposible ejecutar condena"** —ello, por la mañana—; por la tarde las revisaba nuevamente y, si lo creía conveniente, cambiaba de sitio la coma: **"Perdón imposible, ejecutar condena"**.

> ★ **"Un muerto y tres motoristas heridos en varios accidentes"**. El alegre uso de la coma tuvo dos efectos singulares:

el primero, pretender que la misma gente se las arreglara para resultar herida la misma noche en varios accidentes distantes entre sí; el segundo, tratar de convencernos de que el muerto al final resultó herido. (Javier Ortiz, "El alegre uso de la coma", en http://www.javierortiz.net/voz/humor/index_html?ndx=21)

★ El joven se presenta en una empresa para solicitar trabajo:

—¿Qué sabe hacer? —pregunta el jefe de personal

—Nada —responde el aspirante.

—Bueno. ¿Quién le recomienda?

—Nadie

—Pero hombre, ¿cómo se presenta así?

—Cumplo las condiciones del anuncio: «Se busca empleado inútil, presentarse sin referencias».

La importancia de los signos de puntuación

Iba esta tarde camino a mi casa, a vuelta de rueda por el Bulevar Los Próceres. Esto me permitió ponerle atención a la calcomanía (pegatina, dirían los españoles) que tenía el carro de enfrente. Vean lo que decía:

Como seguramente no alcanzan a leer lo que dice, va un acercamiento:

Ahí se lee:

GUATEMALA

YO NUNCA TE ABANDONARE

SI A LA JUSTICIA Y A LA VERDAD

Seguramente, quien diseñó esa calcomanía quiso decir:

Guatemala: yo nunca te abandonaré. ¡Sí a la justicia y a la verdad!

Pero como olvidó poner los signos de puntuación, la frase en cuestión puede leerse de esta manera:

Guatemala: yo nunca te abandonaré; sí a la justicia y a la verdad

Es decir, que él o ella no abandorán a Guatemala, pero sí abandonarán a la justicia y a la verdad (personificadas).

La raya
La raya es el signo ortográfico al que antiguamente llamábamos guion mayor. Dice la *Ortografía de la lengua española*:

La raya es un signo de puntuación representado por un trazo horizontal (—) cuya longitud suele equivaler, en tipografía, a un cuadratín (blanco tipográfico cuyo ancho mide en puntos lo mismo que el cuerpo o tamaño de la letra que se está utilizando).

Es importante advertir que «no debe confundirse en su forma ni en sus funciones con el guion (-)» (*Ortografía de la lengua española*).

Los usos de la raya son similares a los del paréntesis. Sobre eso trataremos en otra ocasión. Lo que aquí me interesa señalar es que en *Word* se dificulta escribir la raya. Muchos escriben solo un guion; otros ponen doble guión (--). Conviene saber que en Word sí podemos escribir la raya; hay que pulsar simultáneamente las teclas AltGr (o Alt y Ctrl) y el signo de resta en el teclado numérico.

Punto y coma

El punto y coma está en decadencia; cada vez se usa menos. Pero aún podemos rescatarlo, si nos decidimos a emplearlo. A continuación, hago un resumen, muy apretado, de lo que nos dice la Ortografía académica sobre este signo ortográfico.

En primer lugar, hay que advertir que «la escritura del punto y coma depende del contexto, concretamente de la longitud y complejidad de las secuencias que se separan y de la presencia de otros signos; como indicador de relaciones semánticas, su uso está en función de la subjetividad de quien escribe. Todo ello hace difícil enumerar reglas concretas para su utilización». En la Ortografía se dan las siguientes:

1. El punto y coma es un signo delimitador principal, pues «tiene la función de separar unidades textuales básicas». Se usa para indicar una pausa mayor que la señalada por la coma, y menor que la marcada por el punto.

2. El punto y coma separa:

a) Oraciones yuxtapuestas: es decir, oraciones «sintácticamente independientes entre las que existe una estrecha relación semántica» (de significado). Ejemplo: «Lo ha hecho por el bien de su familia; no puede reprochársele nada».

b) Entre unidades coordinadas: esto es, entre oraciones copulativas, disyuntivas y adversativas. Ejemplo: «Recorriendo los caminos de esta zona del istmo nos encontramos con un paisaje humano invariable: campesinos descalzos, con sombrero de paja y machete a la cintura, caminando incesantemente a la vera de la carretera; mujeres cargando bultos o cántaros en la cabeza; niños desnudos, con el vientre abultado y la mirada inquieta». Ejemplo de coordinación adversativa: «Esta como si su alma estuviera abandonando su antiguo y fatigado cuerpo para comenzar a vivir dentro de otro; pero toda esa dicha se acabó de golpe al detenerse bruscamente el tren y ascender a él una patrulla de guerrilleros zapatistas».

c) Ante conectores: cuando los conectores oracionales (palabras como «sin embargo», «así pues», «por tanto») «encabezan la secuencia sobre la que inciden, pueden ir precedidos de coma, punto y coma o punto». Ejemplos: «Los jugadores se entrenaron intensamente durante todo el mes; sin embargo, los resultados no fueron los que el entrenador esperaba». «Se había trasladado a una ciudad en la que no conocía a nadie; así pues, tuvo que esforzarse por salir para establecer nuevas relaciones». «Todas las mercancías que llegaban tenían que pasar un estricto control; por tanto, se distribuían con mucho retraso».

Sobre el uso de la coma

Como regla general, no debe separarse el sujeto del predicado mediante coma, a no ser que el sujeto esté formado por una frase muy larga. Así, por ejemplo, en la siguiente frase la coma está de más: «La peor cobardía, es la mentira y la amenaza (...)» (mensaje de un candidato a la presidencia en *El Periódico*).

Socioeconómico

«Socioeconómico» debe escribirse sin guion, según aclara el *Diccionario Panhispánico de Dudas*:

> Cuando se trata de aplicar conjuntamente a un sustantivo dos adjetivos calificativos o relacionales, se escribe guion intermedio entre ambos adjetivos cuando cada uno de ellos conserva su forma plena: [análisis] lingüístico-literario, [lección] teórico-práctica, [cuerpos] técnico-administrativos. Como se ve en los ejemplos, el primer adjetivo permanece invariable en forma masculina singular, mientras que el segundo concuerda en género y número con el sustantivo al que se refiere, pero ambos conservan la acentuación gráfica que les corresponde como palabras independientes. Si el primer elemento no es ya un adjetivo independiente, sino un elemento compositivo átono que funciona como forma prefija, se une sin guion al segundo elemento: [análisis] morfosintáctico, [nivel] socioeconómico, [movimiento] anarcosindicalista.

Uso de mayúsculas después de los dos puntos

Después de los dos puntos normalmente se usa inicial minúscula, pero existen casos en que la Ortografía pide usar mayúscula. Veamos, primero, la norma general:

> La palabra que aparece a continuación de los dos puntos deberá escribirse con inicial mayúscula o minúscula según los casos. Como regla general, se escribe minúscula tras los dos puntos que anuncian una enumeración o que establecen relaciones semánticas de diverso tipo entre las unidades que separan (...) (*Ortografía de la lengua española*, 2010, § 3.4.4).

Existen seis casos en los que debe emplearse inicial mayúscula después de los dos puntos. Aquí me referiré solamente a los más frecuentes.

a) Después del saludo inicial en una carta o correo electrónico.

> Estimado Sr. Morales:
>
> En respuesta a su solicitud…

b) Al inicio de una cita o de palabras textuales.

> Como se lee en la Metafísica de Aristóteles: «Todos los hombres tienen por naturaleza el deseo de saber».

Es interesante notar que

> se exceptúan los casos en que la cita se inicia con puntos suspensivos para indicar que se está omitiendo el comienzo del enunciado en el texto original (…): Y el monólogo termina asi: «… y los sueños, sueños son» (§ 4.1.1.4, sección b)
>
> c) En la palabra que sigue a términos de carácter enunciador, como *ejemplo, advertencia, nota*, etc.
>
> ADVERTENCIA: Este producto es dañino para la salud.
>
> d) Después de verbos como certificar, exponer, solicitar, etc.
>
> CERTIFICA: Que habiendo tenido a la vista la documentación que presenta el señor…

Lea todos los casos de uso de mayúsculas después de los dos puntos en el párrafo 4.1.1.4 de la *Ortografía*, edición 2010.

Vocativos, entre comas

Con frecuencia se olvida que los vocativos van entre comas. Dice la Fundación para el español urgente:

Cuando aparece un vocativo después de palabras como gracias, felicidades, hola, adiós o bienvenido, se escribe siempre entre comas: «Gracias, maestro», en vez de «Gracias maestro».

En los medios de comunicación es habitual encontrar frases en las que el vocativo no está entre comas: «Felicidades campeones» o «Adiós libro de papel; sé bienvenido libro electrónico», donde campeones, libro de papel y libro electrónico son vocativos.

En este sentido, la Ortografía de la lengua española señala que vocativo es «la palabra o grupo de palabras que se refieren al interlocutor y se emplean para llamarlo o dirigirse a él de forma explícita». Además, respecto a la puntuación, señala que «se escriben siempre entre comas, incluso cuando los enunciados son muy breves, como en estructuras del tipo No, señor; Sí, mujer».

Así pues, en los ejemplos anteriores lo apropiado habría sido escribir «Felicidades, campeones» y «Adiós, libro de papel; sé bienvenido, libro electrónico».

Esto mismo afecta, por cierto, a los encabezamientos de cartas o mensajes electrónicos, en los que lo apropiado es escribir «Hola, Ana:», «Buenos días, compañeros:», en lugar de «Hola Ana:» o «Buenos días compañeros:», pues Ana y compañeros son en estos casos vocativos.

Distintas serían frases como «Felicidades a los campeones» y «Adiós al libro de papel, hola al libro electrónico», en las que el hablante no se dirige directamente a los campeones ni al libro, sino que los menciona en tercera persona. En ellas, estas mismas palabras dejan de ser vocativos y, por tanto, no se escriben entre comas.

Reflexiones

¿Cuál es el futuro de nuestra lengua?

Este volante se distribuye en algunas cafeterías de Guatemala. ¿Cuántas palabras en español encuentra?

Sobre la evolución de la lengua

Muchas personas sostienen que, puesto que la lengua evoluciona, no hay criterio absoluto para definir la corrección o incorrección idiomática. Lo que hoy es incorrecto, dicen, será correcto dentro de un siglo. Al respecto, copio un texto de don Fernando Lázaro Carreter en *El Dardo en la Palabra*:

> Una lengua se construye por la acción de dos tensiones: la de quienes, dueños de contenidos mentales más ricos, pugnan por plasmar en ella esa riqueza y por hacerla más capaz de

establecer diferencias y matices, y la de quienes solo precisan recursos elementales, por inculpable falta de necesidad, o por ignorancia culpable.

Ente esas dos tensiones, el idioma va recorriendo su historia; juntas ambas, constituyen el uso. Pensar que el uso es solo la tensión reductora, espontánea y plebeya, supone tanto como pensar que es más natural —siempre parece así lo espontáneo— no cepillarse los dientes. Se manifiesta un rousseaunianismo infantil cuando se privilegia lo vulgar frente a lo elaborado, y cuando se defiende que un código elemental es tan respetable, o más aún, que otro de mayor complejidad y riqueza, con una oferta superior de posibilidades expresivas para diferenciar lo que es distinto.

Me advierte un mozo en *La Vanguardia* que «la lengua es un elemento vivo que debe evolucionar», y que, si no, «en este país hablaríamos latín». Gran lección de este escolar (¿sería catastrófico que aún hablásemos latín?), con argumentos de adolescente. Pues claro que los idiomas cambian pero impulsados por aquellas dos fuerzas. Y ¿qué ocurre cuando la trivializadora se impone? Sucedió, con la ruina del latín, la gran noche de Occidente, durante la cual se rompió la gran lengua, y emergieron unos idiomas rudos. Para convertirlos en grandes lenguas también, sus mejores hablantes tuvieron que volver a la tutela clásica, a Cicerón y a Quintiliano, esto es, a dotarlas de nuevas normas cultas, en gran medida a imitación de la latina. ¿O es que se cree que la prosa de Fray Luis, Cervantes y Quevedo, o la de nuestros contemporáneos máximos, ha salido del laxismo (que es forma refinada de denominar el pasotismo)?

Si nuestra lengua existe como lengua de cultura se debe a los recursos que le aportaron los mejores, elevados por el consenso a norma, difundida tradicionalmente por la escuela. La lucha contra la dejadez y el que más da forma parte del vivir de toda lengua, y renunciar a ella implica abdicar del progreso. Porque no todo cambio constituye avance: puede depauperar. El que una cosa se diga mal y muchos lo hagan, solo significa que allí hay un fallo individual o colectivo de instrucción; denunciarlo resulta higiénico y, si se impone, a la fuerza ahorcan. Pero si, además, su triunfo entraña una pérdida de poder distintivo, hay que lamentarlo. Y no por el idioma, sino porque la mente colectiva ha perdido la posibilidad de individualizar un concepto: se ha hecho más roma. A la inversa, sean bien venidos, de donde sean, todos los neologismos o solecismos o «errores» que aumentan el conocimiento o la aptitud diferenciadora de los hablantes.

En modo alguno son disculpables los fallos por incompetencia, como no sea accidental u momentánea —¿quién está libre?—, de aquellos que no debieran tenerla. Ni la praxis los exonera. Lo dijo Jorge Guillén, prócer de la exactitud: «El hombre atropellado, es decir, el hombre grosero, no tiene tiempo de pararse a buscar la palabra propia... Dirigiéndose al fin a toda máquina, se topa con la barbarie» (Fernando Lázaro Carreter, *El Dardo en la Palabra*, Random House Mondadori, Madrid, 2003, pp. 450-451).

La libertad que dan las leyes

¿Cuándo somos libres para expresar bien y hermosamente todo lo que queremos? Respuesta: cuando dominamos las reglas del lenguaje. ¿O debería decir «cuando nos dejamos dominar» por esas reglas?

El escritor que domina su oficio, que conoce a la perfección qué se puede decir y qué no se puede decir en su idioma, que sabe cómo utilizar las leyes gramaticales para expresar aquello que lleva en su mente y en su corazón, es quien en verdad puede sentirse y considerarse libre. Por el contrario, la persona poco instruida, que apenas sabe leer y escribir, no es libre para decir todo lo que quisiera.

Entonces, ¿debemos someternos a la gramática y a la ortografía? Sí, pero ese sometimiento nos hace libres.

Por lo anterior, muchos pensadores han creído que toda sociedad civilizada debe organizarse de manera que la educación llegue a todos. Incluso, que debe ser obligatoria. Porque los que no saben, no saben lo que no saben. Y parte importante de esa formación —que hoy se descuida muchísimo— es «gimnasia» diaria para dominar el arte de la escritura. Cuanto más ejercitamos nuestros músculos (cuanto más nos sujetamos a la disciplina atlética) más libres somos para movernos. Análogamente, cuanto más escribimos más se nos facilita escribir, comunicar nuestras ideas.

Lo que afirmamos del lenguaje y de la gimnasia se puede afirmar también de las reglas de tránsito, de los buenos modales en la mesa, del cumplimiento de los horarios, y de las leyes divinas. Las leyes no se han creado para quitarnos libertad, sino para darnos más libertad. Si sentimos que una ley coarta o impide nuestra libertad, debemos revisar la ley o revisar nuestra comprensión de la razón de ser de la ley (dejando fuera el caso de las leyes injustas).

Queísmo y dequeísmo

De que «algo»

Word (el procesador de textos) me corrigió la frase «presumir de que saben (...)». Según el programa (los programadores, quiero decir), lo correcto es «presumir que saben».

No es fácil explicar (ni entender) las razones que da la gramática para saber cuándo debemos usar «de que» y cuándo simplemente «que». En otro lugar de este libro, Rosa Mendoza de Hernández ha escrito sobre esto desde un punto de vista técnico gramatical.

Existe un criterio sencillo para saber cuándo debemos usar «de que» y cuándo solo «que»: sustituya lo que va después de «que» por la palabra «algo» y vea si hace falta anteponer la preposición «de».

Por ejemplo: ¿se dice »se dio cuenta de que lo mencionaron» o «se dio cuenta que lo mencionaron»? Cambiamos «...lo mencionaron» por «algo» y nos queda: «se dio cuenta... algo»; no parece que sea correcto. En cambio, suena bien si decimos: «se dio cuenta de... algo» (es decir, «se dio cuenta de que lo mencionaron»). Otros ejemplos: «me alegro... algo» se convierte en «me alegro de que...»; «me acuerdo... algo» se vuelve «me acuerdo de que...».

Casos contrarios: «me dijo... algo» se convierte en «me dijo que...», no en «me dijo de que...»; «es importante saber... algo», se convierte en «es importante saber que... (sin la preposición «de»).

En el caso de la corrección que me hizo *Word*, no se dice «presumir que saben», si no «presumir de que»: se presume de algo, se vanagloría uno de algo... Creo que los programadores de *Word* padecen de queísmo (eliminar la preposición «de» cuando esta debería aparecer).

Dequeísmos frecuentes
Por Rosa Mendoza de Hernández

El dequeísmo consiste en el uso de la preposición *de* delante de la conjunción *que* cuando dicha preposición no está justificada desde el punto de vista gramatical.

El dequeísmo es más frecuente en la lengua oral que en la escrita y algo más en el español americano que en el europeo.

Hay dequeísmo cuando se dice *creo de que* en lugar de *creo que,* como en el siguiente ejemplo tomado de un texto de internet:

>*Yo creo de que un gran avivamiento viene para Chile, en lugar de decir
>
> Yo creo que un gran avivamiento viene para Chile.

También hay dequeísmo cuando se dice *me alegra de que* en lugar de *me alegra que,* como en el siguiente ejemplo tomado del CREA:

>*La gente de San Diego lo merece, así que me alegra de que voy a recibir la oportunidad de hacerlo allí (CREA, Venezuela).

Lo correcto es decir:

> La gente de San Diego lo merece, así que me alegra que voy a recibir la oportunidad de hacerlo allí.

Otros dequeísmos frecuentes:

* «Pensamos de que» en lugar de «Pensamos que»

* «Se dijo de que» en lugar de «Se dijo que»

Fuente:
Asociación de Academias de la Lengua Española. *Nueva gramática de la lengua española.* Madrid: Espasa, 2009.

REAL ACADEMIA ESPAÑOLA: Banco de datos (CREA) [en línea]. Corpus de referencia del español actual. <http://www.rae.es> [03/02/2013]

Regionalismos

«No anda dinero»

Algunas personas me han preguntado si es correcta la expresión «andar algo» para significar «llevar algo consigo». La respuesta nos la da el diccionario:

> andar
>
> **18.** tr. *C. Rica, El Salv., Hond.* y *Nic.* Llevar algo consigo. *Andar un vestido verde, dinero, carro.*

Es decir que se trata de un regionalismo. ¿Significa, entonces, que es una expresión incorrecta? Lo único que la Academia afirma en este caso es que su uso está restringido a esos países (y habría que agregar a Guatemala), y que, por lo tanto, no es de uso general. Con otras palabras: si queremos hablar en un español estándar, que todos admitan, deberíamos evitar el uso del verbo andar para significar «cargar algo, o llevar algo consigo», sobre todo al escribir.

Africanismos en el español
Por Rosa Mendoza de Hernández

La presencia africana en Hispanoamérica, que se inició con la llegada a las Antillas de esclavos negros procedentes de África a principios del siglo XVI, ha tenido consecuencias lingüísticas importantes sobre el español.

Las palabras de origen africano incorporadas al español general, al de Hispanoamérica o al de las Antillas corresponden a nombres de plantas y frutas, comidas y bebidas, instrumentos musicales y danzas, sustantivos y adjetivos diversos.

A continuación algunos ejemplos:

Banano/ banana, que se usa en varias lenguas africanas. Procede probablemente de una lengua del oeste africano.

Chévere: algo excelente, de calidad superior, muy satisfactorio. Palabra registrada en el DRAE.

Dengue, se le atribuye un origen quimbundú, un idioma que se habla en Angola.

Marimba, tanto a la palabra como al instrumento se le atribuyen raíces africanas.

Milonga: expresión musical afro-ríoplatense tiene origen quimbundú: *mi* es un marcador del plural + *longa* (palabra)

Mucama: de origen quimbundú. Combinación de *mu* prefijo clasificador + *kama* que significa esclava.

Ñame, planta llevada a América desde el África Occidental. Palabras de idéntico significado aparecen en las lenguas de África Occidental.

Más africanismos pueden verse en:

http://cai.bayamon.inter.edu/CIBERINFO/ciber-info_africanismos.htm

Fuentes:
Coromines, Joan, y José Antonio. Pascual. *Breve diccionario etimológico de la lengua castellana*. Madrid: Editorial Gredos, 2010.
Lapesa, Rafael. *Historia de la lengua española*. Madrid: Editorial Gredos, 2008.

Conversatorio

En su columna de *Prensa Libre* del 31 de agosto, Mario Antonio Sandoval –actual director de la Academia Guatemalteca de la Lengua– hace uso de un regionalismo que está ganando aceptación en la norma culta: conversatorio. Dice Mario Antonio Sandoval:

> LA AGLE [Asociación Guatemalteca de la Lengua] TIENE PLANIFICADO un conversatorio con los académicos visitantes (...)

Esta es la definición de conversatorio que nos da el DRAE:

> 1. m. Col. y Perú. mesa redonda (|| reunión de personas versadas en determinada materia).

> 2. m. Cuba, Ec., Méx., Pan. y R. Dom. Reunión concertada para tratar un tema. Conversatorios de paz.

> 3. m. Hond. rueda de prensa.

> En lo particular, prefiero el término «mesa redonda».

Lista de estadounidismos
Por Rosa Mendoza de Hernández

La *ANLE* ha elaborado ya un listado de *estadounidismos*, palabras empleadas en el español de más de 55 millones de hispanohablantes que residen en los Estados Unidos.

Dicho listado será aprobado en breve por la RAE, de manera que la próxima edición impresa del DRAE contendrá palabras como *email*, *bagel*, *billón*, *aplicación* (con el sentido de solicitud), *parada* (desfile de carrozas), *paralegal*, *phishing*, *estanflación*, y otras.

Fuente:
http://cultura.elpais.com/cultura/2012/10/10/actualidad/1349893853_744008.html

Membresía

El DRAE reconoce este sustantivo como un regionalismo, propio de Centroamérica. Lo define como «condición de miembro de una entidad» y «conjunto de miembros». Por si queda duda sobre su escritura, se escribe con ese (membresía), no con ce (*membrecía).

Picop

La palabra «picop» (procedente del inglés *pick-up*) está recogida por el DRAE como un regionalismo, propio de México y Centroamérica. Esto nos autoriza a llamar picop al «vehículo de transporte, más pequeño que un camión, con la parte de atrás descubierta».

Trinquete

En Guatemala, hacer un trinquete significa hacer trampa, o hacer un truco. Esta acepción, sin embargo, no figura en el DRAE. La más cercana es la que que tiene en México:

3. m. Méx. Soborno a un funcionario público.

4. m. Méx. Timo, estafa.

Hacer un trinquete, en Guatemala, no tiene necesariamente la connotación de algo indebido. Puede tratarse de un simple truco o atajo, como cuando se repara un aparato. Un ejemplo del uso de esta palabra en Guatemala podría ser el siguiente:

—¿Reparaste el radio?

—Sí; hice un mi trinquete y funcionó.

También se usa el sustantivo triquetero, como sinónimo de mañoso o tramposo.

—¡No seás trinquetero!

—¿Y qué de malo hice?

Como dato curioso, en inglés existe la palabra *trinket*, que significa baratija o chuchería.

Ventas al detalle

La Academia nos recomienda decir ventas al por menor, en lugar de ventas al detalle, que suele emplearse en Guatemala.

Sugerencias a los medios

Ayudar a los medios de comunicación
Muchas veces he pensado que no basta con denunciar los errores que a diario se cometen en los medios de comunicación. Últimamente, los atentados más brutales contra el idioma proceden de los canales supuestamente educativos que se trasmiten por cable. Me refiero, concretamente, al *History Channel*, al *Discovery* y al *National Geographic*. Ayer, por ejemplo, tratando de hacer más llevadera una gripe que me consume desde hace una semana, me puse a ver algunos de sus programas. Logré pescar estos adefesios:

«Emergencias bizarras» (*Discovery Channel*)

«Nuestro planeta tiene cuatro mil quinientos años de antigüedad» (creo que fue en el *History*)

«Las capas inferiores menoscavaron las superiores» (por «socavaron») (*History Channel*)

Lo que quiero proponerles es lo siguiente: que entre todos «pesquemos» errores como esos y se los hagamos ver a los responsables de la edición de esos canales. Yo me encargaré de publicar una pequeña encuesta sobre los errores más sobresalientes de la semana, y enviaré los resultados a los canales. No garantizo la efectividad, pero al menos tendremos la conciencia tranquila de que hacernos ver los errores que comenten para que no los repitan, para que los corrijan. Si logramos nuestra meta, creo que estaremos contribuyendo eficazmente a la defensa del idioma.

Aquí va, pues, la primera encuesta:

¿Qué título se lleva el premio al atentado más grave contra el idioma español?

1. **"Emergencias bizarras"** **(Discovery Channel)**

2. **"Cómo todo funciona"** **(Discovery Channel)**

Aclaremos por qué están mal esos títulos o frases: 1) «bizarro» significa en español «valiente, generoso, lucido, espléndido». Es un caso claro de falso amigo, pues en inglés *bizarre* significa «extraño, extravagante»; 2) «Cómo todo funciona» rompe la sintaxis habitual del español. El adverbio «cómo» debe modificar a un verbo (en este caso, «funciona»), y no a un adjetivo («todo»). El orden normal es, pues, «cómo funciona todo», o mejor aún: «cómo funcionan todas las cosas», o simplemente «cómo funcionan las cosas».

Siglas

Plural de los acrónimos

Un acrónimo es un tipo de sigla que se pronuncia como una palabra, por ejemplo, ovni (de objeto volador no identificado). También es

> un vocablo formado por la unión de elementos de dos o más palabras, constituido por el principio de la primera y el final de la última, p. ej., ofi(cinainfor)mática, o, frecuentemente, por otras combinaciones, p. ej., so(und) n(avigation)a(nd) r(anging), Ban(co) es(pañol) (de) (crédi)to (DRAE).

Otros ejemplos: docudrama (de documental y drama), Mercosur (de Mercado Común del Sur).

Dice el *Diccionario Panhispánico de Dudas* que

> una vez incorporados al léxico común, los acrónimos forman el plural siguiendo las reglas generales de su formación en español (…) : ovnis, ucis, radares, transistores.

Ahora bien, cuando se trata de siglas o acrónimos de uso restringido (como UMA, «unidad de mérito académico»), son invariables en la escritura: «las ONG», «tres UMA», aunque en la lengua oral tiendan a tomar marca de plural: «las oeneges», «tres umas».

Plural de siglas: unos DVD's

No es correcto pluralizar las siglas («unos DVDs», «varias ONGs»), y mucho menos separar la ese por medio de un apóstrofo (DVD's, ONG's). En español,

> las siglas son invariables en la lengua escrita, es decir, no modifican su forma cuando designan más de un referente. El

plural se manifiesta en las palabras que las introducen o que las modifican: varias ONG europeas, unos DVD, los PC» (Real Academia Española, «Respuestas a las preguntas más frecuentes», en http://goo.gl/Gj2Cd, consultado el 17 de julio de 2012).

Signos

Símbolos de monedas

En Hispanoamérica, los símbolos de moneda se escriben antes de la cifra, sin dejar espacio ni poner punto. Por ejemplo: Q500, $400.00. En España, en cambio, el símbolo monetario se pone después de la cantidad, y separada por un espacio.

Fuente:
Fundación del español urgente.

Tilde y diéresis en las mayúsculas
Por Rosa Mendoza de Hernández

Las mayúsculas y las minúsculas son únicamente distintas formas de escribir el mismo grafema, por lo que reciben el mismo tratamiento en cuanto al uso de la tilde y la diéresis.

De manera que el uso de mayúsculas no exime de poner la tilde o diéresis cuando las reglas ortográficas así lo exigen, como en los siguientes casos:

> ANTIGÜEDAD, LENGÜETA, ALCALDÍA, MONARQUÍA, ASOCIACIÓN.

Así también se tilda la mayúscula inicial en nombres propios cuando les corresponde:

> Ángel, Óscar, Úrsula

Fuente:
Asociación de Academias de la Lengua Española. *Ortografía de la lengua española*. España: 2010.

Tecnicismos

Hackear

Un *hacker* es una persona que irrumpe en computadoras y redes informáticas. De ese sustantivo se ha derivado el verbo «hackear», que Wikipedia define como la «acción de irrumpir o entrar de manera forzada a un sistema de cómputo o a una red». Este término, sin embargo, no aparece en el DRAE. Podríamos castellanizar el término, y escribir «jaquear», pero existe el inconveniente de que «jaquear» significa algo distinto: «dar jaques» (de ajedrez), o bien —derivado de esto—, «hostigar al enemigo». Mientras la Academia no se pronuncie al respecto, podemos escribir *hackear*, pero en cursiva, para indicar que se trata de un término en otro idioma.

Módem

El aparato «que permite la comunicación entre dos ordenadores a través de una línea telefónica o de un cable» (DRAE) se llama módem (con tilde en la «o»).

Pulmonía y neumonía

Los términos pulmonía y neumonía son sinónimos, pero la Academia nos recomienda que utilicemos pulmonía para referirnos a la «inflamación del pulmón o de una parte de él producida generalmente por el neumococo». Por tener raíces griegas, neumonía (πνευμονία) es considerado un término más técnico. Los médicos, de hecho, no hablan de pulmonías, sino de neumonías.

Tiempos verbales

La tragedia del pluscuamperfecto

El pretérito pluscuamperfecto, o antecopretérito en algunos países, indica una acción pasada ocurrida con anterioridad a otra también pasada («Cuando llegué, ya había muerto»). Al parecer, nuestros amigos traductores de documentales lo desconocen, pues ya son varias las ocasiones en que escucho frases en las que lo echo de menos.

En un documental del *National Geographic*, por ejemplo, escuché esta oración, que me apresuré a anotar: «No podían creer que cinco elefantes fueron fulminados por un rayo». La primera acción pasada, en este caso, fue la muerte de cinco elefantes. Luego, ciertas personas no podían creer que eso hubiera pasado. Por lo tanto, lo correcto, es decir: «no podían creer que cinco elefantes habían sido fulminados por un rayo». También pudo haberse empleado el pretérito perfecto de subjuntivo, y la oración en cuestión habría sido: «no podían creer que cinco elefantes hubieran sido fulminados por un rayo». (El pretérito de subjuntivo «es un tiempo compuesto relativo y perfectivo que expresa una acción pasada en un período pasado. Cumple las mismas funciones que el pasado pluscuamperfecto y el condicional compuesto» (Wikipedia)).

Tecnología

Wifi

Aunque aún no aparece en el DRAE, no cabe duda de que pronto el sustantivo wifi será admitido en la república de las letras hispanas. La fundación del español urgente (FUNDEU) recomienda «escribir wifi sin guion, en minúscula y sin cursiva ni comillas, como un sustantivo común ya hispanizado». Además, dice que son correctas las formas masculina y femenina: la wifi o el wifi. En cuanto a su pronunciación, si vamos a incorporar este término a nuestro idioma, será preciso que se atenga a nuestras normas, donde la «i» se pronuncia como «i», no como «ai». De manera que deberíamos decir el wifi, no el guaifai. (Nota: cuando nos referimos a la palabra wifi la ponemos en cursiva; cuando la usamos, no hace falta ponerla en cursiva. Véase la diferencia entre «la palabra *wifi* procede de una marca...», y «Vamos a instalar wifi en esta casa»).

Traducción

Formato

¿Cuál es la traducción correcta de la palabra inglesa *format*? Por ejemplo, ¿cómo traduciríamos la frase *Format of the Competition*? La tentación sería decir «formato», y «formato de la competencia», pero formato no significa lo mismo que *format*. Nos dice el DRAE que formato significa

> **1.** m. Tamaño de un impreso, expresado en relación con el número de hojas que comprende cada pliego, es decir, folio, cuarto, octavo, dieciseisavo, o indicando la longitud y anchura de la plana.
>
> **2.** m. Tamaño de una fotografía, de un cuadro, etc.
>
> **3.** m. Conjunto de características técnicas y de presentación de una publicación periódica o de un programa de televisión o radio.
>
> **4.** m. *Inform*. Estructura de un disco dividido en campos y pistas según un determinado sistema operativo, lo que permite almacenar en él información.

Como vemos, ninguna de esas acepciones tiene que ver con el significado de *format*, que, entre otras cosas, significa

> *The organization, plan, style, or type of something: The format of the show allowed for topical and controversial gags.*

En Wordreference.com traducen *format* por «presentación», pero no me convence. No es lo mismo decir «presentación de la competencia» que *Format of the Competition*. ¿Qué solución se les ocurre?, ¿forma, estructura, diseño, organización?

Neural y neurona

Me pregunta Donald Leiva cuál sería la traducción correcta del inglés *neural networks*. Como siempre, acudí al DRAE y encontré que la diferencia entre neural y neuronal es que, mientras con el primer término nos referimos al sistema nervioso o a las neuronas, el segundo solo es relativo a las neuronas. De manera que me inclino por traducir *neural networks* por «redes neuronales».

Parsimonia

Hay que tener cuidado al traducir la palabra inglesa **parsimony** al español, pues su significado no es exactamente el mismo en cada lengua. En efecto, dice el diccionario Merrian-Webster que parsimony significa

> a : the quality of being careful with money or resources : thrift
>
> b : the quality or state of being stingy

Es decir: tacañería, avaricia, frugalidad o moderación.

El DRAE define «parsimonia» de la siguiente manera:

(Del lat. parsimonĭa).

> 1. f. Lentitud y sosiego en el modo de hablar o de obrar; flema, frialdad de ánimo.
>
> 2. f. Frugalidad y moderación en los gastos.
>
> 3. f. Circunspección, templanza.

Es la segunda acepción la que coincide con el significado que esta palabra tiene en inglés. Y el orden de las acepciones sí importa en el diccionario. En las advertencias para el uso del diccionario de la Academia se explica que

(...) entre ellas, se tiende a anteponer las acepciones de uso más frecuente y posponer las de empleo esporádico.

Es curioso que en español parsimonia signifique lentitud y sosiego, porque la palabra latina original no tiene ese significado. ¿Cuándo se nació este significado?

En el *Corpus del Nuevo Diccionario Histórico del Español* es posible rastrear la evolución del léxico de nuestra lengua. No es un trabajo fácil, entre otras cosas, porque el banco de datos de las citas es inmenso y la entrega de resultados es lenta.

Haciendo un poco de investigación sobre el tema que nos ocupa, he descubierto estas citas:

Primera:

1884-1885 CLARÍN (LEOPOLDO ALAS), **La Regenta** [España] [Gonzalo Sobejano, Madrid, Castalia, 1990] Novela

«su disposición, sobre todo si se trataba de dar a cada uno lo suyo. A pesar de tanta modestia y parsimonia en los gastos, los maliciosos atribuían su exaltado liberalismo y su descreimiento y desprecio del culto (...)»

Segunda:

1885-1888 PEREDA, JOSÉ MARÍA DE, **Sotileza** [España] [Germán Gullón, Madrid, Espasa-Calpe, 1991] Novela

«El Sobano comenzó a hablar entonces, con gran parsimonia y pulsando mucho las palabras para que ofendieran menos, de cierto compromiso adquirido siete meses antes por el Cabildo (...)»

Tercera:

1905-1907 COLOMA, LUIS, **Jeromín** [España] [Miami, Omega Internacional, 2003] Novela «segundo lo que ingenios más vulgares tardan meses en resolver, desesperábase y no se avenía bien con la lenta parsimonia de Don Felipe (...)»

Mientras que en las citas de Leopoldo Alas y de Pereda (1884-1888) podemos decir que parsimonia significa frugalidad, ya en Luis Coloma parsimonia se asocia, también, con lentitud. No es difícil ver por qué se produjo este cambio o evolución semántica: entregar algo con frugalidad es hacerlo, también, con lentitud, a un ritmo pausado.

Pocos años más tarde, encontramos esta cita en la novela **La Esfinge Maragata** [España] [Madrid, Renacimiento, 1914]:

Cuarta:

«Ella y el zagal siguieron hablando con mucha parsimonia, doctos y humildes frente al eterno problema de su vida ruda».

Parece que «hablar con parsimonia» significa aquí hablar con lentitud. Eso es lo que significa hoy. ¿Es lo mismo hablar poco (con economía) que hablar con lentitud? No necesariamente, pero desde luego existe un cierto traslape semántico.

De 1918 es la siguiente cita que nos da el NDHE:

Quinta:

QUIROGA, HORACIO, **Cuentos de amor, de locura y de muerte** [Uruguay] [Napoleón Baccino Ponce de León, Madrid, Archivos, CSIC, 1993]

«De modo que mientras la sirvienta degollaba en la cocina al animal, desangrándolo con parsimonia (Berta había aprendido de su madre este buen modo de conservar frescura a la carne) (...)»

Aquí ya se ha producido el cambio. Parsimonia significa lentitud..

Uso del diccionario

Uso del diccionario: variantes preferidas

Algunas veces, al buscar un término en el Diccionario de la Academia, encontramos casos como el siguiente:

> **temporario, ria.**
>
> (Del lat. *temporarĭus*).
>
> **1.** adj. p. us. **temporal** (*//*que dura algún tiempo).

Esta es la forma que se usa en el Diccionario para indicar variantes preferidas. En el caso anterior, por ejemplo, el adjetivo temporario es aceptable, pero la Academia prefiere o recomienda temporal. Así se explica en la sección 3.2 de Advertencias para el uso de este diccionario:

Cuando las variantes admitidas no pueden figurar en un mismo artículo por exigencias del orden alfabético, la preferida por la Academia es la que lleva la definición directa; las aceptadas, pero no preferidas, se definen mediante remisión (…) a aquella. Así, psicología, psicológico, psicólogo, definidas directamente, son las variantes recomendadas; sicología, sicológico, sicólogo, definidas por remisión a sus correspondientes antedichas, constan como admitidas, pero no se recomiendan.

Verbos

«Se huyó»

El verbo huir es normalmente intransitivo, y significa «alejarse de algo o alguien por temor a recibir un daño» (DPD). Normalmente, va precedido de la preposición «de», como en «huyó de los perros que lo perseguían».

El DPD nos dice que, aunque no es habitual, el verbo huir también puede usarse en sentido transitivo; es decir, como verbo que requiere un complemento. Por ejemplo: «Antes no le temía a los arácnidos, pero ahora les huyo».

La expresión reflexiva «se huyó», sin embargo, no es normativa, como cuando se dice que «Fulano de tal se huyó con la hija del panadero». En este caso, debería emplearse el verbo «fugar», que sí admite el pronombre reflexivo: «Fulano de tal se fugó con la hija del panadero».

Abordar y abordaje

Abordar es un verbo que significa, en primer lugar, llegar una embarcación a otra, chocar o tocar con ella (DRAE). De este sentido se deriva el sustantivo abordaje, que es la «acción de abordar un barco a otro, especialmente con la intención de combatirlo». Ahora bien, se puede decir que un tema o un problema se abordan, en sentido figurado, como en el siguiente ejemplo: «es preciso abordar ese problema desde una perspectiva diferente» (DRAE), pero no es correcto decir «el abordaje del problema».

Amolar

En los cuentos que me contaba mi abuelo, siempre que Tío Conejo se aprovechaba de Tío Coyote, este decía: «¡ve qué amolada me dio Tío Conejo!». No me había interesado en buscar el significado de este verbo (amolar), hasta ahora que lo encontré en uno de los Episodios Nacionales, de Pérez Galdós.

De acuerdo al diccionario, amolar es

    1. tr. Sacar corte o punta a un arma o instrumento en la muela.

    2. tr. Adelgazar, enflaquecer.

    3. tr. coloq. Fastidiar, molestar con pertinacia. U. t. c. prnl.

    4. tr. Méx. dañar (|| causar perjuicio).

    5. prnl. Méx. frustrarse (|| malograrse un intento).

Un amolador es el que amuela cuchillos o navajas; esto es, que les saca punta o los adelgaza. Es distinto del afilador, que los afila. Y si alguien lo amuela a uno, es que lo fastidia o le causa un perjuicio. Este verbo se conjuga como «contar», de manera que Tío Coyote conjugaba bien el verbo en pretérito indefinido («me amoló», no «me amueló»).

Compartimentar

«Dividir algo en elementos menores» se dice «compartimentar», no *compartimentalizar. Se conjuga, en presente de indicativo, de la siguiente manera:

    (yo) compartimento

    compartimentas / compartimentás

    compartimenta

    compartimentamos

    compartimentáis / compartimentan

    compartimentan

Ejemplos de uso de este verbo: «necesitamos compartimentar la mercadería»; «la enfermera compartimentó la medicina que llegó ayer».

Debería y debiera
¿Cuál es la diferencia entre debería, debiera y debiese? ¿Cuál es la forma correcta: «deberíamos estudiar más» o «debiéramos estudiar más»?

Ambas formas son correctas. En términos de uso, la única diferencia entre debería y debiera (o debiese) es la intensidad. Usamos la forma de subjuntivo (debiera) cuando queremos ser más amables o cordiales: «¡Debieras asumir tu responsabilidad!» suena mucho más fuerte que «¡Deberías asumir tu responsabilidad!».

Desplayar
Se puede decir desplayar, con el sentido de ensanchar o extender, pero es mejor utilizar explayar.

Discontinuar
Romper o interrumpir la continuación de algo puede llamarse descontinuar o discontinuar, pero la Academia señala que la forma discontinuar es la más extendida.

Dos infinitivos seguidos
Está difundida la idea de que en español es incorrecto juntar dos infinitivos («saber correr», «poder comer», etc.). Sin embargo, esto no es cierto. En el capítulo 28 de la **Nueva Gramática de la Lengua Española**, dedicado a las perífrasis verbales, se afirma lo siguiente: (negritas añadidas)

28.1.1a Se denominan perífrasis verbales las combinaciones sintácticas en las que un verbo auxiliar incide sobre un verbo auxiliado, principal o pleno, construido en forma no personal (es decir, en infinitivo, gerundio o participio), sin dar lugar a dos predicaciones distintas: No puedo entrar; Iremos considerando cada caso particular; Llevo escritas diez páginas. El verbo auxiliar suele aparecer conjugado, como en los ejemplos anteriores, pero puede no estarlo: Para poder entrar necesitamos autorización; Debe empezar a cantar (…)

Las siguientes oraciones contienen ejemplos de perífrasis verbales en las que el verbo auxiliar va en infinitivo:

Para poder mantener el ritmo es mejor que respires acompasadamente.

Permitirse elegir es fundamental.

Me parece estupenda la idea de querer hacer el bien.

Hay que mandar levantar la valla cuanto antes. (http://sinuosa.blogspot.com/2008/10/naderias.html)

El gerundio de conjetura
Por Rosa Mendoza de Hernández

También llamado gerundio de aproximación, se forma anteponiendo el adverbio como a un gerundio.

Sirve para expresar modo o manera:

1) Lo miró fijamente, como retándolo.

2) Habló como queriendo desahogarse.

A estos gerundios se les llama de conjetura porque a las estructuras donde aparecen puede dárseles una interpretación condicional de conjetura. Así:

La oración no. 1 puede interpretarse como: Lo miró fijamente como lo haría si lo retara.

La oración no. 2 puede interpretarse como: Habló como lo haría si quisiera desahogarse.

Los usos anteriores del adverbio como + gerundio están reconocidos por la Academia para expresar el modo o manera.

Sin embargo, se considera galicismo no aconsejable el uso de como + gerundio para expresar causa:

* No entró a la clase como viendo que era tarde.

Lo correcto es decir: No entró a la clase porque vio que era tarde.

Fuente:
Asociación de Academias de la Lengua Española. *Nueva gramática de la lengua española*. Madrid: España, 2009.

Influenciar
Influenciar existe en español. Sin embargo, la Academia prefiere que utilicemos influir.

Iniciar
Con el sentido dar comienzo, el verbo iniciar es pronominal; esto significa que es intransitivo y debe ir acompañado por un pronombre. Así, por ejemplo, debemos decir «se inició algo», y no simplemente «inició algo». Esto es lo que dice el DRAE:

iniciar. (Del lat. initiāre).

4. prnl. Dar comienzo. Fue allí donde se inició el incendio.

El DPD lo explica de esta manera:

> [con el sentido "empezar"] ... puede ser transitivo: «El auto inicia la marcha» (MtnCampo Carreteras [Méx. 1976]), o intransitivo pronominal: «La mañana se inició con un revuelo en la calle» (Allende Eva [Chile 1987]). No es correcto su uso como intransitivo no pronominal: La semana inició mal, error debido al cruce con el verbo sinónimo empezar, que sí admite esta construcción.

Insolar

Conocemos y usamos con alguna frecuencia la palabra insolación, pero el verbo respectivo es menos conocido. Se trata del verbo insolar, que el DRAE define así:

> (Del lat. **insolāre**).
>
> 1. tr. Poner al sol hierbas, plantas, etc., para facilitar su fermentación, o secarlas.
>
> 2. prnl. Enfermar por demasiado ardor del sol o por excesiva exposición a él.

En presente y en pretérito perfecto se conjuga de la siguiente manera:

Presente

insolo

insolas / insolás

insola

insolamos

insoláis / insolan

insolan

Pretérito perfecto simple o Pretérito

insolé

insolaste

insoló

insolamos

insolasteis / insolaron

insolaron

Liberar y librar
Liberar significa

1. tr. Eximir a alguien de una obligación. U. t. c. prnl.

2. tr. Hacer que alguien o algo quede libre.

3. tr. Desprender, producir, secretar.

Librar, en cambio, significa

1. tr. Sacar o preservar a alguien de un trabajo, mal o peligro. U. t. c. prnl.

2. tr. Poner confianza en alguien o algo.

3. tr. Dar o expedir algo, especialmente una orden. Librar sentencia, real provisión, decretos, carta de pago.

4. tr. Der. Expedir letras de cambio, libranzas, cheques y otras órdenes de pago, a cargo de alguien que tenga fondos a disposición del librador.

5. tr. ant. Juzgar, decidir.

> 6. intr. Dicho de una mujer: parir.
>
> 7. intr. Dicho de una mujer que está de parto: Echar la placenta.
>
> 8. intr. Confiar en alguien o algo. Librar EN alguien, EN algo.
>
> 9. intr. coloq. Dicho de un empleado o de un obrero: Disfrutar de su día de descanso.
>
> 10. intr. desus. Dicho de una religiosa: Salir a hablar al locutorio o a la red.

Algunas personas utilizan estos dos verbos de forma indistinta, o de forma inapropiada. Así, cuando quieren decir, por ejemplo, que una persona *liberó a otra de su deuda o de su obligación, debería decir que la libró de su deuda u obligación.

Por otra parte, estos verbos, como es obvio, se conjugan de manera distinta: el pretérito de liberar es liberó, mientras que el pretérito de librar es libró.

Llenar y rellenar

Aunque en muchos países hispanoamericanos se dice «llenar un formulario»; la forma correcta o más generalizada, según la Academia, es «rellenar» un formulario, impreso o documento.

Mapear

Mapear es un verbo que escuchamos ahora con frecuencia. De hecho, existe en el diccionario, pero su uso se supone que se restringe a la biología. Esto es lo que pone el DRAE:

> 1. tr. Biol. Localizar y representar gráficamente la distribución relativa de las partes de un todo; como los genes en los cromosomas.

También nos dice que en Chile tiene dos significados:

2. tr. cult. Chile. Hacer mapas.

3. tr. cult. Chile. Trasladar a un mapa sistemas o estructuras conceptuales.

Según mi apreciación, lo que está sucediendo es que se está ampliando el uso de este verbo a otros ámbitos. Cuando alguien dice, por ejemplo, que hay que mapear los accidentes de tránsito que suceden en tal ciudad, lo que quiere decir, precisamente, es que hay que localizar y representar gráficamente esos hechos en un mapa. De manera que sí es un verbo que podemos usar con confianza, en el primer sentido que da el diccionario.

Necesitar de

El verbo necesitar se construye normalmente con complemento directo, es decir, sin anteponer la preposición «de», como en la oración «necesito un martillo». El DPD señala, sin embargo, que

> también es correcta la construcción intransitiva, con un complemento introducido por de: «Don Raimondo necesitaba de la soledad para concentrarse» (Mujica Escarabajo [Arg. 1982]).

Por otra parte,

> cuando lo necesitado se expresa mediante un infinitivo o una oración subordinada, solo es posible la construcción transitiva: «Necesitaba pensar en otros para olvidarse de sí mismo» (Souza Mentira [Perú 1998]); «Necesito que me respondas ahora»(Contreras Nadador [Chile 1995]).

Realocar, reubicar, realojar

Se está introduciendo en nuestra lengua un nuevo verbo: realocar. Es evidente que se trata de un calco del ingles ***reallocate***, que significa redistribuir (los recursos). Pero quienes emplean este neologismo crudo quieren decir, en realidad, realojar: «volver a alojar a alguien, especialmente a población marginal o en situación de emergencia, en un nuevo lugar» (DRAE). No hace falta crear un nuevo verbo cuando ya tenemos uno para expresar la misma idea.

Regular y regularizar

Regular y regularizar no significan siempre lo mismo. Regularizar es un verbo que se utiliza en Derecho como sinónimo de legalizar, como nos dice el DRAE:

> Legalizar, adecuar a derecho una situación de hecho o irregular. Regularizar la situación de una persona.

Regular (como verbo) es la forma preferida por la Academia sobre regularizar para expresar una de las siguientes ideas:

> 1. tr. Medir, ajustar o computar algo por comparación o deducción.

> 2. tr. Ajustar, reglar o poner en orden algo. Regular el tráfico.

> 3. tr. Ajustar el funcionamiento de un sistema a determinados fines.

> 4. tr. Determinar las reglas o normas a que debe ajustarse alguien o algo.

> 5. tr. Econ. reajustar (‖ aumentar o disminuir coyunturalmente). Regular las tarifas, los gastos, la plantilla de empleados.

Según lo anterior, es preferible decir, por ejemplo, «regulación bancaria» a «regularización bancaria».

Satisficiera

El pretérito imperfecto de subjuntivo, primera o tercera persona, es satisficiera o satisficiese, no satisfaciera. Esta es la conjugación completa:

satisficiera o satisficiese

satisficieras o satisficieses

satisficiera o satisficiese

satisficiéramos o satisficiésemos

satisficierais o satisficieseis / satisficieran o satisficiesen

satisficieran o satisficiesen

Se rumorea

Se dice rumorea, y no rumora. El verbo rumorear se conjuga así, en presente de indicativo:

rumoreo

rumoreas / rumoreás

rumorea

rumoreamos

rumoreáis / rumorean

rumorean

Sincronizar y parear

Los que tenemos un par de aparatos Kindle o similares, decimos que «sincronizamos» dos libros cuando ponemos uno de ellos en el mismo lugar en el que dejamos la lectura en el otro. Puesto que estas dos acciones no necesariamente se hacen al mismo tiempo, no debe decirse que «sincronizamos» los libros, sino que los «pareamos». Sincronizar es «hacer que coincidan en el tiempo dos o más movimientos o fenómenos», mientras que parear es «juntar, igualar dos cosas comparándolas entre sí» (DRAE).

Soñar en, soñar con y soñar que

El verbo soñar admite complementos intransitivos y transitivos. Cuando el complemento es intransitivo, este puede ir precedido por «con», como en *«Aída sueña con hoteles vacíos, en una ciudad que no conoce»*. Cuando el complemento es un verbo en infinitivo, este puede ir introducido por «en»; ejemplo: *«Alguna vez soñó en ir a la capital»*. Cuando el complemento es una oración subordinada introducida por «que», es correcto su uso como transitivo: *«Soñó que subía por las escaleras de un acueducto»*. También se emplea con frecuencia en la lengua literaria, con complementos nominales o pronominales: *«Lucía soñó un futuro color de rosa para Eusebio»*.

Uso censurado del verbo «realizar»
Por Rosa Mendoza de Hernández

Según el *Diccionario de la lengua española*, vigésima segunda edición, el verbo transitivo **realizar** significa **efectuar, llevar a cabo algo o ejecutar una acción. También, dirigir la ejecución de una película o de un programa televisivo.**

Como verbo pronominal intransitivo significa **sentirse satisfecho por haber logrado cumplir aquello a lo que se aspiraba.**

Sin embargo, a veces se emplea el verbo *realizar* con el valor de «darse cuenta» o «comprender» algo, como se ilustra en el siguiente ejemplo tomado del CREA:

* «La realidad del caso, es que no quieren *realizar* que tienen un problema que debe ser atendido...»

* El uso anterior está **censurado** por la normativa académica actual.

El connotado lingüista español Joan Corominas, en su *Diccionario crítico etimológico de la lengua castellana* explica el origen de este uso reprobado del verbo *realizar*. Afirma que el verbo *realizar* deriva del francés *réaliser*, y que dicho verbo francés, por préstamo semántico del inglés, en el siglo XX comenzó a emplearse en el sentido de *comprender*. El mismo autor añade que «en el castellano de América se ha empleado alguna vez con en este valor (...) donde parece más bien galicismo que anglicismo, por suerte esta **barbaridad** hasta ahora ha prosperado muy poco» (1024).

La postura de Corominas ha sido corroborada por el *Diccionario panhispánico de dudas* que considera que **usar el verbo *realizar* con el sentido de darse cuenta «es calco censurable del inglés»**.

Referencias
Corominas, Joan. *Diccionario crítico etimológico de la lengua castellana*. Madrid: Gredos, 1955.
Diccionario de la lengua española. Web. 06 Nov. 2010. <http://drae.rae.es/>.
Diccionario panhispánico de dudas. Madrid: Real Academia Española, 2005.
REAL ACADEMIA ESPAÑOLA Banco de datos (CREA) [en línea]. *Corpus de referencia del español actual*.<http://www.rae.es> [5/11/2010]

Vivenciar
Aunque existen el sustantivo vivencia («hecho de experimentar algo, y su contenido; hecho de vivir o estar vivo») y el adjetivo vivencial, no existe el verbo *vivenciar.

Índice

A

"A" ante nombres comunes que designan objetos inanimados 225

«A» antes de objeto directo 226

Abocarse 229

Abordar y abordaje 279

Abreviaturas de profesiones 5

Abreviaturas: normas generales 6

Absolutamente 29

Abuso de las comillas 244

Acceder, no accesar 163

a. C. y d. C. 5

Adecuar, evacuar, evaluar 7

Ad honorem y pro bono 158

"A favor de" mejor que "en favor de" 225

A final de cuentas 19

Africanismos en el español 261

Agudizar y aguzar 77

Ahí, allí y allá 13

Ahí y allí 77

Alcahuetes y alcahuetas 132

Alfabetizado 132

Algunos tipos de leísmo 128

Algunos verbos especiales 130

Allanamiento 17

Almágana, almádana y almádena 164

Alma mater 102

Alternativas 77

Alto, pare, stop 132

Ameritar 17

Amolar 279

a. m. y p. m. 5

Anécdotas 164

Anomia 133

Antediluviano 133

Antigua Guatemala 229

Antilambda o diple 244

Anuente y renuente 53

Aplicantes 19, 29

Apocalipsis 59
A porfía 163
Apóstrofe y apóstrofo 133
Archivo 185
Areópago 213
Asimismo y así mismo 78
Asuela 49
Asumir no es suponer 30
Atemporal, intemporal 164
Audición 165
Aún 14
Ausentismo 17
Autorrobo 133
Auto- y anti- 220
Avenida y calle 6
Ayudar a los medios de comunicación 266
Azúcar 117

B

Baipás 186
Bajura 230
Banear 27
Barra 244
Bianual y bienal 78
Bien interesante 12
Billones 78

Bimensual 79
Bimestral, bimensual y otras dificultades por el estilo 79
Bizarro 31, 230
Blíster 186
Brahmín o brahmán 165
Brasileño 134
Buenísimo 12
"Buenos días" frente a "buen día" 179

C

¿Cafesito o cafecito? La ortografía de los diminutivos 211
Capturar fotografías 31
Cármina Burana 158
Casos con se impersonal 130
Catering 187
CD, DVD 213
Cebiche, ceviche y seviche 213
Centroamérica, no Centro América 135
Chat 188
Chincheta 168
¡Clic! 185

Co- 220
Cocer y coser 49
Coctel 165
Coerción y coacción 231
Combinación de las comillas con otros signos 245
Combos 188
Comillas: latinas, inglesas y simples 245
Cómo escribir bien la raya en Word 246
Como para… 54
Compartimentalizar, compartamentalizar 188
Compartimentar 280
Completitud 79
Compromiso: no hagamos concesiones. 31
¿"Con base en" o "en base a"? 223
Conciencia y consciencia 165
Concordancia "ad sensum" 46
Concordancia de los ordinales 47
Con despacio 14
Conexar 166
Conferenciante 80

Conferencista 17
Consciencia y conciencia 80
"Construimos" no lleva tilde 7
Contendor 18
Continuo 213
¡Clic! 185
Contra reloj y contrarreloj 180
Contribución voluntaria 60
Conversatorio 263
Cooptar 135
Copiar y pegar 32
Cortoplazista 214
Cosmopolita, no cosmopólita 9
Creatura y criatura 232
Crepe, crepa 167
Cuarenta (40) 136
¿Cuál es el futuro de nuestra lengua? 254
Curar, conservar 110
"Cuyo", en desuso 125

D

¿"De acuerdo a" o "de acuerdo con"? 223

De 0 a 7 años 60

"De balde" y "en balde" 75

¿Delante de mí o delante mío? 224

Debería y debiera 281

Deber y deber de 81

Décadas 81

Decelerar 12

Decir las cosas bien 42

dé/de 9

Dejarse perder 137

Dejar un comentario 32

De la misma edad: coetáneos 136

Delete 61

Deletear 33

De los adverbios "inclusive" y "exclusive" 14

De los verbos rebosar y rebozar, y una receta para la felicidad 169

Del reino K'iche' a Schweiz pasando por A Coruña 137

Del verbo querer 117

De que "algo" 258

Dequeísmos frecuentes 259

Desavenencia, no desaveniencia 138

Descendencia y ascendencia 232

Descompuesto 169

Deseo que y deseo de que 139

Desesperar y exasperar 233

Desgañitarse 61

Deshumano 61

Desplayar 281

Desquebrajado 139

Devastar y desbastar 139

Diantres 169

Dilación y dilatación 140

Diplomado y diplomatura 170

Disconexo 33

Discontinuar 281

Disputación 170

Disrupción 140

Don 102

¿"Donativo, Q50.00" o "donación, Q50.00"? 81

Dos infinitivos seguidos 281

Dos puntos después del saludo 246

E

Eficaz, eficiente y efectivo 82

"El agua", pero "la aguamarina" 24

¿El alma máter o la alma máter? 113

El condicional de rumor o de información no asegurada 118

El dequeísmo: 89

El desagradable "y/o" 82

El día después 15

El futuro de subuntivo 119

El género en los ordinales 210

El género en profesiones femeninas y cargos desempeñados por mujeres 120

El gerundio de conjetura 282

El laísmo 125

El leísmo 127

El o los 54

El queísmo: 90

El secreto para escribir bien 52

El yantar de Don Quijote los sábados: duelos y quebrantos 98

Emoticono 189

Empobrecimiento léxico 62

Emprendedurismo 140

En base a 142

En breve y brevedad 105

Enchufe 142

En honor de 226

En la medida en qué, a medida que 180

Ensimismarse 83

Epítome 33

Erre 142

Escanear 50

"Es Fulanita" 19

Eslogan 189

Espureo 142

"¿Está enfermo?" o "Está ¿enfermo?" 243

Estadounidismo 189

"Estamos abiertos" 28

Euforia 233

"Eventualmente" no significa "finalmente" 28

Evidencia circunstancial 34

Ex 221

"Existe un número…" 46

Expandir, no expander 146

Extra y extras 209

F

Factible y posible 146
Fanes 191
Favor de 54
Femicidio 146
Fideos, espagueti y pasta 191
Financio, no financío 50
Fiscalizar 234
Flete 146
Formato 274
Free rider 20
Freído 50
Fuegos pirotécnicos 147
Fuistes, vinistes 147

G

Gadgets 192
Galería 40
Gasolinería 170
¿Gastos pagos o pagados? 48
Gay 193
Girar instrucciones 147
Glamuroso 63
Gobernanza 193
Gourmet 194
Guarismos 55
Guatemorfosis 102
Guion 9

H

Habemus papam 158
Habla ilimitado 15
Hable bien y coma sanamente 15
Hacer sentido 20
Hackear 271
Hambre y azúcar 25
Hándicap 194
Harmonía 214
Hasta el quijote ennobleció don Quijote 99
"Hasta mañana" 75
Hice, haya hecho 50
Historiografía 63
"Hoy por hoy" 179
Hubieron: ¿batalla perdida? 148

I

"Iba a darme un adarme" 162
Idiosincrásico 171
Impase 107
¿Impreso o imprimido? 48

Inconforme y disconforme 85
Infligir 148
Influenciar 283
Ingenieros "eléctricos" 148
Iniciar 283
Inmigrante y emigrante 85
Insolar 284
Intangible e intocable 235
Intensión e intención 214
Interfase 195
Internauta 10
Internet 183
Inusable 171
Ipso facto 159
Ítem 107

J

Jalar 18
Jeep 20
"Joven participa en política" 243

K

Kit 196
Kmts 148

L

La data 159
La excepción que pone a prueba la regla 105
La importancia de la coma 246
La importancia de los signos de puntuación 247
La libertad que dan las leyes 256
La mar está en fortuna 63
La ministro 121
La negación expletiva 122
La raya 248
Las palabras nos confirman en la existencia 43
Las pascuas 65
¿La poeta o la poetisa? 114
Lastimero y lastimoso 65
La tragedia del pluscuamperfecto 272
La vida no es un privilegio 235
La web 196
Ledes 196
Leísmo de cortesía: 129
Leísmo de cosa 129

Leísmo de persona (femenino): 129
Leísmo de persona (masculino): 128
¿Lenguaje sexista? 115
León 66
Liberar y libertar 85
Liberar y librar 285
Liderato y liderazgo 40
Liniero 172
Listado y lista 149
Llenar y rellenar 286
Llevo ropa, pero no por casualidad 35
Locuciones adverbiales 181
Loguear 21
¿Lo de siempre o lo que siempre? 73
Los avatares del idioma 66
Los cuatro "porqués" 131
Los gerundios adjetivales 123
Los talibanes 149

M

Madrilista 71
Magullar 67
Mapear 286

Márquetin 21
Más sobre los diminutivos 85
Matrimonio 41
Mayúsculas en los rótulos 183
Mayúsculas o minúsculas en los meses y días de la semana 184
"Me golpié" 49
¿Medios hermanos o medio hermanos? 13
Méjico 215
Membresía 264
Metodología 150
Miedo a 227
Módem 271
Monitorear 197
Mordida 18
Motu proprio 160
Motu proprio, no motu propio ni de motu proprio 160
Músico, música 124

N

Necesitar de 287
Nefasto y funesto 235
Neural y neurona 275
Ni cercha ni sercha 172

Nike 103
Nivel y piso 150
"No anda celular" 261
No más secuelas 35
Norte, sur, este, oeste 215
No seamos ladinos 67
"No tenga pena" 97
Nuevas normas ortográficas 204
Números y letras 151

O

Obsesiones y fobias 151
Obviar 236
Odio decir esto 36
Oficial y oficioso 173
¿Ofrecer o pedir disculpas? 73
Onomástico 67
Oriente próximo 36

P

Paladión 103
Pantuflo 174
Para reír un poco 68
Parsimonia 275
Peligros y riesgos potenciales 37
Penalidad y penalización 152
Pensum 103
Pequeña lista de falsos amigos 110
Periodo o período 10
¿Petén o el Petén? 23
Piano piano 197
Picop 264
Pingüe y deleznable 152
"Plausible" no es "posible" 28
Plural de los acrónimos 268
Plural de siglas: unos DVD's 268
Pobres troyanos 69
Poesía y poema 174
Poliestileno 271
"Pollos recién hechos" 59
Polvareda 152
Por cierto 38
¿Por qué escribir bien? 53
Portabilidad 153
Posgrado 221
Postmoderno 222
Potencial y posible 38
Pre- 222

Precisión 237
Predecibilidad 153
Prestar y pedir prestado 153
Pretender 112
Prever, no preveer 154
Prioridad 238
Prístino 174
Procrastinar, no procastinar 154
Prospectos 154
Pro- y pro 88
Prueba fehaciencе 174
Pulmonía y neumonía 271
Punto y coma 249

Q

Quedamos de juntarnos… 155
Quehacer 89
Queísmo y dequeísmo 89
Que y de que 88

R

Ralentizar 197
Ranking 198
Realocar, reubicar, realojar 287

Recelar a 227
Regaliz 108
Regular y regularizar 288
"Rejo, maguer, morena" 98
Relevant y relevante 38
Remedial 21
Rentar 21
Renuevo 51
Replicar 112
Repositorio 92
Representación de los ordinales 216
Resiliencia 92
Retroalimentación 155
Risueño y sonriente 175
Rocinante 100
Rol 55
Rutinario no es sinónimo de habitual 38

S

Saga 155
Satisficiera 289
"Se huyó" 279
Se lo dije 93
"Se lo" y "se los" 228

¿Se puede aperturar una cuenta bancaria o un ciclo escolar? 161

Sembrar y plantar 238

Sencillez 55

Ser honesto no es lo mismo que ser sincero 39

Se rumorea 289

Seudo 218

¿"Se vende tortillas" o "se venden tortillas"? 72

Sicología 104

Signo de porcentaje 207

¡Signos interrogativos y exclamativos en una misma oración! 204

Símbolos de monedas 270

Sincronizar y parear 289

Sindicar 238

Sin precedente 175

Sírvase disculpar 105

Snacks 22

Sobre el cuidado del estilo en los correos electrónicos 56

Sobre el uso de la coma 250

Sobre la evolución de la lengua 254

Socialidad 176

Socioeconómico 251

¿Soldo o sueldo? 48

Sólo y solo 10

Solución de compromiso 239

Sonar y sónar 198

Soñar en, soñar con y soñar que 290

Statu quo 106

Sub 70

"Subir" algo a Internet 45

Su homólogo 176

Súper 239

Suspense 199

Su teléfono e e-mail 93

T

Talmente 176

Talvez 16

Tesitura 177

Test 199

Testear 200

Tethering: anclaje a red 200

Tilde y diéresis en las mayúsculas 270

Tique y carné 201

Tomar decisiones 22

Tosigoso 177

Tour 108
Traer y llevar 156
Tráiler 201
Trans- tras- 208
Traumaturgo 104
Trinquete 264
Tropa y tropas 156
Tuertos y tardanzas 101
Tutorial 22
Tutorizar 156

U

¿Un papa abdica, dimite o renuncia? 58
Ultimátum 112
Una cita de Erasmo 44
Una pequeña digresión 94
Undécimo, duodécimo, decimotercero… 156, 157
Uso censurado del verbo "realizar" 290
Uso del diccionario: variantes preferidas 278
Uso del dígrafo rr en palabras compuestas o prefijadas 218
Uso de mayúsculas después de los dos puntos 251
Uso de mayúsculas para disciplinas científicas 184
Utilidades 177

V

Vaso de agua 182
¿Veniste o viniste? 49
Ventas al detalle 265
Verbos en -er y en -ir 70
Verbos especiales: 91
Versátil 240
Versus 157
Viacrucis 218
Vídeo 11
Violencia y delincuencia 241
Visualizar 57
Vivenciar 291
Vocativos, entre comas 252
Volumen 241
Votar a 94

W

Wasapear 202
W en préstamos 208
¿Whisky, wiski, o güisqui? 161
Wifi 273

www.ingramcontent.com/pod-product-compliance
Lightning Source LLC
Chambersburg PA
CBHW022353040426
42450CB00005B/162